www.ingramcontent.com/pod product compliance
Lightning Source LLC
Chambersburg PA
CBHW060412010526
44107CB00006B/657
9781990760907

به نام خالق عشق

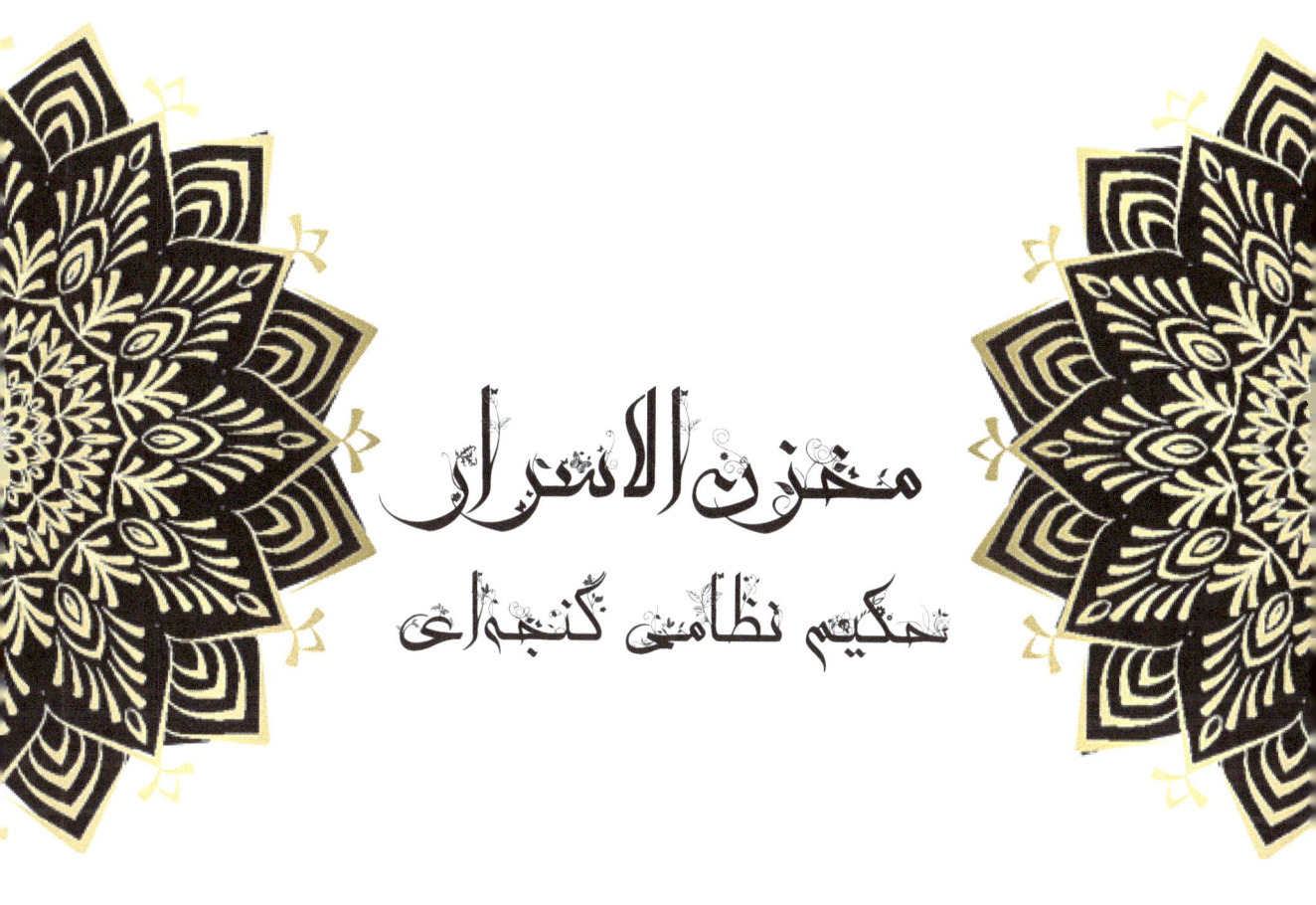

مخزن الاسرار

حکیم نظامی گنجه‌ای

انتشارات بین المللی کیدزو کادو

و انتشارات پارسیان البرز

تقدیم می‌کنند

Kidsocado Publishing House

خانه انتشارات کیدزوکادو
ونکوور، کانادا
تلفن : ۸٦٥٤ ٦٢٢ ٨٣٢ ١ +
واتس آپ: ٧٢٤٨ ٣٣٣ ٢٢٦ ١+
info@kidsocado.com : ایمیل
وبسایت انتشارات:https://kidsocadopublishinghouse.com
وبسایت فروشگاه:https://kphclub.com

عمر به خشنودی دل‌ها گذار
تا ز تو خشنود بود کردگار

مقدمه

الیاس، پسر یوسف، با نام هنری «نظامی» از شاعران و داستان‌سرایان بزرگ فارسی‌زبان در قرن ششم هجری است که در شهر گنجه (امروزه در کشور آذربایجان قرار دارد) زندگی می‌کرده است. آن‌چنان که از آثار این شاعر مشخص است، گویا مادر او از ایرانیان کردنژاد و پدرش، احتمالاً از اهالی تفرش یا فراهان بوده است. با وجود این، اطلاعات دقیق بیشتری دربارهٔ زندگی این شاعر وجود ندارد.

کتاب «مخزن الاسرار» یکی از مهم‌ترین آثار نظامی گنجوی است. این کتاب که نخستین تجربه نظامی در سرودن مثنوی‌های طولانی است، با موضوع زُهد و پند و اندرز اخلاقی ارائه شده است. نظامی این کتاب را در بیست مقالت سروده و در هر مقالت، یک حکایت ذکر کرده است. یکی از مهم‌ترین ویژگی‌های آثار نظامی، خصوصا مخزن‌الاسرار، توجه ویژهٔ او به ساخت ترکیب‌های جدید از واژه‌هاست. این علاقه‌مندی تا آنجاست که گاهی اوقات، خوانش ابیات، نیازمند درنگ و وقفه می‌شود. همچنین توجه به علوم مختلف و استفاده از آنها در سرایش شعر از ویژگی‌های دیگر آثار اوست.

مجموعهٔ حاضر، با هدف گسترش ارتباط ایرانیان و فارسی‌زبانان سراسر دنیا با اشعار نظامی گنجوی آماده شده است. در این اثر، مثنوی پرجنب‌وجوش و رقصان مخزن‌الاسرار به شکلی زیبا و درست فراهم شده و به حضور شما خواننده گرامی تقدیم می‌شود. چاپ‌های متعددی از کتاب مخزن الاسرار نظامی توسط پژوهشگران و اندیشمندان زبان و ادبیات فارسی منتشر و روانه بازار شده است که هر یک در جایگاه خود، حائز اهمیت و قدر و ارزش هستند؛ اما از آنجا که بنای ما در این اثر بر ارائه یک اثر کم‌غلط و خواندنی برای عموم مردم بوده است، دست از نکته‌سنجی‌های موشکافانه کشیدیم و آن را به فرصتی دیگر وانهادیم؛ ازاین‌رو کتاب حاضر را با ویرایش مناسب و بر مبنای چاپ استاد حسن وحید دستگردی از کتاب مخزن الاسرار نظامی فراهم کردیم. امیدواریم که این تلاش، بتواند جلوه‌گر فرهنگ عظیم ایران باشد.

شاد و سرخوش و خوشدل باشید.

مخزن‌الاسرار

فهرست مطالب

مناجات اوّل ۱۸
مناجات دوم ۲۰
در بخشایش و عفو یزدان ۲۰
در نعت رسول اکرم ۲۱
در معراج ۲۲
نعت اوّل ۲۶
نعت دوم ۲۷
نعت سوم ۲۹
نعت چهارم ۳۰
در مدح ملک فخرالدین بهرامشاه بن داود ۳۲
در خطاب زمین‌بوس فرماید ۳۴
گفتار در فضیلت سخن ۳۸
برتری سخن منظوم از منثور ۴۰
در توصیف شب و شناختن دل ۴۳
خلوت اوّل: در پرورش دل ۴۷
ثمرۀ خلوت اوّل ۵۱
خلوت دوم: در عشرت شبانه ۵۳
ثمرۀ خلوت دوم ۵۶

مقالت اوّل: در آفرینش آدم ۵۸

داستان پادشاه نومید و آمرزش یافتن او ۶۱

مقالت دوم: در عدل و نگه‌داری انصاف ۶۳

حکایت نوشیروان با وزیر خود ۶۵

مقالت سوم: در حوادث عالم ۶۸

حکایت سلیمان با دهقان ۷۰

مقالت چهارم: در رعایت از رعیّت ۷۱

داستان پیرزن با سلطان سنجر ۷۳

مقالت پنجم: در وصف پیری ۷۵

داستان پیر خشت‌زن ۷۷

مقالت ششم: در اعتبار موجودات ۷۸

داستان سگ و صیّاد و روباه ۸۰

مقالت هفتم: در فضیلت آدمی بر حیوانات ۸۲

داستان فریدون با آهو ۸۵

مقالت هشتم: در بیان آفرینش ۸۶

داستان میوه‌فروش و روباه ۸۹

مقالت نهم: در ترک مئونات دنیوی ۸۹

داستان زاهد توبه‌شکن ۹۲

مقالت دهم: در نمودار آخرالزّمان ۹۳

داستان عیسی ۹۵

مقالت یازدهم: در بی‌وفایی دنیا	۹۶
مقالت دوازدهم: در وداع منزل خاک	۱۰۰
داستان دو حکیم متنازع	۱۰۲
مقالت سیزدهم: در نکوهش جهان	۱۰۳
داستان حاجی و صوفی	۱۰۵
مقالت چهاردهم: در نکوهش غفلت	۱۰۷
داستان پادشاه ظالم با مرد راست‌گوی	۱۰۹
مقالت پانزدهم: در نکوهش رشک‌بران	۱۱۱
داستان ملک‌زادهٔ جوان با دشمنان پیر	۱۱۳
مقالت شانزدهم: در چابک‌روی	۱۱۴
داستان کودک مجروح	۱۱۷
مقالت هفدهم: در پرستش و تجرید	۱۱۷
داستان پیر و مرید	۱۲۰
مقالت هجدهم: در نکوهش دورویان	۱۲۱
داستان جمشید با خاصّگی محرم	۱۲۲
مقالت نوزدهم: در استقبال آخرت	۱۲۵
داستان هارون‌الرّشید با حلّاق	۱۲۸
مقالت بیستم: در وقاحت ابنای عصر	۱۲۹
داستان بلبل با باز	۱۳۱
انجام کتاب	۱۳۲

بسم الله الرحمن الرحیم	هست کلید در گنج حکیم
فاتحهٔ فکرت و ختم سخن	نام خدای است بر او ختم کن
پیش‌وجود همه آیندگان	بیش‌بقای همه پایندگان
سابقه‌سالار جهان قِدَم	مرسله‌پیوند گلوی قلم
پرده‌گشای فلک پرده‌دار	پردگی پرده‌شناسان کار
مبدِع هر چشمه که جودیش هست	مخترع هرچه وجودیش هست
لعل‌طراز کمر آفتاب	حُلّه‌گر خاک و حُلی‌بند آب
پرورش‌آموز درون‌پروران	روز برآرندهٔ روزی‌خوران
مهره‌کش رشتهٔ باریک عقل	روشنی دیدهٔ تاریک عقل
داغ‌نه ناصیه‌داران پاک	تاج‌ده تخت‌نشینان خاک
خام‌کن پختهٔ تدبیرها	عذرپذیرندهٔ تقصیرها
شحنهٔ غوغای هراسندگان	چشمهٔ تدبیر شناسندگان
اول و آخر به وجود و صفات	هست‌کُن و نیست‌کن کائنات
با جبروتش که دو عالم کم است	اوّل ما، آخر ما یکدم است
کیست درین دیرگه دیرپای	کو «لمن الملک» زند جز خدای
بود و نبود آنچه بلند است و پست	باشد و این نیز نباشد که هست
پرورش‌آموختگان ازل	مشکل این کار نکردند حل

کز ازلش علم، چه دریاست این؟ / تا ابدش مُلک، چه صحراست این؟
اوّل او اوّل بی‌ابتداست / آخِر او آخِر بی‌انتهاست
روضهٔ ترکیب تو را حور ازوست / نرگس بینای تو را نور ازوست
کشمکش هرچه درو زندگی‌ست / پیش خداوندی او بندگی‌ست
هرچه جز او هست، بقاییش نیست / اوست مقدس که فناییش نیست
منّت او راست هزار آستین / بر کمر کوه و کلاه زمین
تا کرمش در تُتُق نور بود / خار ز گل، نی ز شکر دور بود
چون که به جودش کرم آباد شد / بند وجود از عدم آزاد شد
در هوس این دو سه ویرانه ده / کار فلک بود گره‌درگره
تا نگشاد این گره وهم‌سوز / زلف شب ایمن نشد از دست روز
چون گُهَر عِقد فلک دانه کرد / جَعد شب از گرد عدم شانه کرد
زین دو سه چنبر که بر افلاک زد / هفت گره بر کمر خاک زد
کرد قبا جُبّهٔ خورشید و ماه / زین دو کله‌وار سپید و سیاه
زَهرهٔ میغ از دل دریا گشاد / چشمهٔ خضر از لب خضرا گشاد
جام سحر در گل شبرنگ ریخت / جرعهٔ آن در دهن سنگ ریخت
زآتش و آبی که به هم درشکست / پیه دُر و گردهٔ یاقوت بست
خون دل خاک ز بحران باد / در جگر لعل جگرگون نهاد
باغ سَخا را چو فلک تازه کرد / مرغ سخن را فلک‌آوازه کرد
نخل زبان را رُطَب نوش داد / دُرّ سخن را صدف گوش داد
پرده‌نشین کرد سر خواب را / کسوت جان داد تن آب را

زلـف زمیـن در بـر عـالـم فکنـد	خـال «عـصـی» بـر رخ آدم فکنـد
روی زر از صـورت خـواری بشست	حیض گـل از ابر بـهـاری بشست
زنـگ هـوا را بـه کـواکـب سترد	جان صبا را به ریاحـین سپرد
خـون جهـان در جگر گـل گرفت	نبض خرد در مَجَس دل گرفت
خنده بـه غمخـوارگی لب کشاند	زُهـره بـه خنیاگری شب نشاند
نـاف شب از مشک‌فروشان اوست	ماه نـو از حلقـه‌به‌گوشان اوست
پای سخن را کـه دراز اسـت دست	سنگ سراپردهٔ او سر شکست
وهـم تـهـی‌پـای بسـی ره نبشت	هم ز درش دست‌تـهـی بازگشت
راه بسـی رفت و ضمیرش نیافت	دیده بسی جُست و نظیرش نیافت
عـقـل درآمـد کـه طلب کـردمش	تـرک ادب بـود، ادب کـردمش
هـر کـه فتاد از سر پـرگـار او	جمله چو ما هست طلبکـار او
سدره‌نشینان سوی او پـر زدند	عرش‌روان نیز همین در زدند
گر سر چرخ است، پر از طوق اوست	ور دل خاک است، پر از شوق اوست
زنـدهٔ نـام جبـروتـش احـد	پـایـهٔ تـخـت مـلکـوتـش ابـد
خـاص نـوالـش نفـس خستگان	پیک روانـش قـدم بـستگان
دل کـه زجـان نسبت پـاکی کند	بـر در او دعـوی خـاکی کند
رُستهٔ خاک در او دانـه‌ایست	کز گل بـاغـش ارم افسانـه‌ایست
خـاک نظـامی کـه بـه تأیید اوست	مـزرعـهٔ دانـهٔ تـوحـیـد اوست

مناجات اوّل

در سیاست و قهر یزدان

ای همه هستی ز تو پیدا شده — خاک ضعیف از تو توانا شده

زیرنشین عَلَمَت کائنات — ما به تو قائم، چو تو قائم به ذات

هستی تو صورت پیوند نی — تو به کَس و کَس به تو مانند نی

آنچه تَغَیُّر نپذیرد، تویی — وآن که نمرده‌ست و نمیرد، تویی

ما همه فانی و بقا بس تو راست — ملک تعالی و تقدس تو راست

خاک به فرمان تو دارد سکون — قُبّهٔ خضرا تو کنی بی‌ستون

جز تو فلک را خم چوگان که داد — دیگ جسد را نمک جان که داد

چون قِدَمت بانگ بر ابلق زند — جز تو که یارد که «اناالحق» زند؟

رفتی اگر نامدی آرام تو — طاقت عشق از کشش نام تو

تا کرمت راه جهان برگرفت — پشت زمین بار گران برگرفت

گرنه ز پشت کرمت زاده بود — ناف زمین از شکم افتاده بود

عقد پرستش ز تو گیرد نظام — جز به تو بر، هست پرستش حرام

هر که نه گویای تو، خاموش به — هرچه نه یاد تو، فراموش به

ساقی شب دستکش جام توست — مرغ سحر دستخوش نام توست

پرده برانداز و برون آی فرد — گر منم آن پرده، به‌هم درنورد

عجز فلک را به فلک وانمای — عقد جهان را ز جهان واگشای

نَسخ کن این آیت ایام را — مَسخ کن این صورت اجرام را

حرف زبان را به قلم بازده — وام زمین را به عدم بازده

ظلمتیان را بنه بی‌نور کن / جوهریان را ز عرض دور کن
کرسی شش‌گوشه به‌هم درشکن / منبر نه‌پایه به‌هم درفِکَن
حُقّهٔ مَه بر گِل این مُهره زن / سنگ زحل بر قدح زُهره زن
دانه کن این عِقد شب‌افروز را / پر بشکن مرغ شب و روز را
از زَمی این پشتهٔ گِل بر تراش / قالب یک خشت زمین گو مباش
گَرد شب از جَبهت گردون بریز / جبهه بیفت، اَخبیه گو برمخیز
تا کی ازین راه نو روزگار؟ / پرده‌ای از راه قدیمی بیار
طرح برانداز و برون‌کش برون / گردن چرخ از حرکات و سکون
آب بریز آتش بیداد را / زیرتر از خاک نشان باد را
دفتر افلاک‌شناسان بسوز / دیدهٔ خورشیدپرستان بدوز
صفر کن این برج ز طوق هلال / باز کن این پرده ز مشتی خیال
تا به تو اقرار خدایی دهند / بر عدم خویش گواهی دهند
غنچه کمر بسته که ما بنده‌ایم / گل همه تن جان که به تو زنده‌ایم
بی‌دیَت است آن که تو خون ریزی‌اش / بی‌بدل است آن که تو آویزی‌اش
منزل شب را تو دراز آوری / روز فرورفته تو بازآوری
گرچه کنی قهر بسی را ز ما / روی شکایت نه کسی را ز ما
روشنی عقل به جان داده‌ای / چاشنی دل به زبان داده‌ای
چرخ روش، قطب ثبات از تو یافت / باغ وجود آب حیات از تو یافت
غمزهٔ نسرین نه ز باد صباست / کز اثر خاک تواش توتیاست
پردهٔ سوسن که مصابیح توست / جمله زبان از پی تسبیح توست

بنده نظامی که یکی‌گوی توست / در دو جهان خاک سر کوی توست
خاطرش از معرفت آباد کن / گردنش از دام غم آزاد کن

مناجات دوم
در بخشایش و عفو یزدان

ای به ازل بوده و نابوده ما / وی به ابد زنده و فرسوده ما
دُور جَنیبت‌کش فرمان توست / سفت فلک غاشیه‌گردان توست
حلقه‌زن خانه‌به‌دوش توایم / چون درِ تو حلقه‌به‌گوش توایم
داغ تو داریم و سگ داغدار / می‌نپذیرند شهان در شکار
هم تو پذیری که ز باغ توایم / قمری طوق و سگ داغ توایم
بی‌طمعیم از همه سازنده‌ای / جز تو نداریم نوازنده‌ای
از پی توست این‌همه امّید و بیم / هم تو ببخشای و ببخش ای کریم
چارهٔ ما ساز که بی‌داوریم / گر تو برانی به که روی آوریم
این چه زبان وین چه زبان‌رانی است؟ / گفته و ناگفته پشیمانی است
دل ز کجا وین پر و بال از کجا؟ / من که و تعظیم جلال از کجا؟
جان به چه دل راه درین بحر کرد؟ / دل به چه گستاخی ازین چشمه خَورد؟
در صفتت گُنگ فرومانده‌ایم / «مَن عرف الله» فروخوانده‌ایم
چون خجلیم از سخن خام خویش / هم تو بیامرز به اِنعام خویش
پیش تو گر بی‌سر و پای آمدیم / هم به امید تو خدای آمدیم
یار شو، ای مونس غمخوارگان / چاره کن، ای چارهٔ بیچارگان
قافله شد، واپسی ما ببین / ای کس ما، بی‌کسی ما ببین

برکه پناهیم؟ تویی بی‌نظیر	درکه گریزیم؟ تویی دستگیر
جز در تو قبله نخواهیم ساخت	گر ننوازی تو، که خواهد نواخت؟
دست چنین پیش که دارد که ما	زاری ازین بیش که دارد که ما؟
درگذر از جرم که خواننده‌ایم	چارهٔ ما کن که پناهنده‌ایم
ای شرف نام نظامی به تو	خواجگی اوست غلامی به تو
نُزل تَحیّت به زبانش رسان	معرفت خویش به جانش رسان

در نعت رسول اکرم

تختهٔ اوّل که الف نقش بست	بر در محجوبهٔ احمد نشست
حلقهٔ حی را کالف اقلیم داد	طوق ز دال و کمر از میم داد
لاجرم او یافت از آن میم و دال	دایرهٔ دولت و خط کمال
بود درین گنبد فیروزه‌خشت	تازه ترنجی ز سرای بهشت
رسم ترنج است که در روزگار	پیش دهد میوه، پس آرد بهار
«کُنتُ نَبیّا» چو علم پیش بُرد	ختم نبوت به محمد سپرد
مه که نگین‌دان زبرجد شده‌ست	خاتم او مهر محمد شده‌ست
گوش جهان حلقه‌کش میم اوست	خود دو جهان حلقهٔ تسلیم اوست
خواجهٔ مسّاح و مسیحش غلام	آنت بشیر، اینت مبشّر به نام
اُمّی گویا به زبان فصیح	از الف آدم و میم مسیح
همچو الف راست به عهد و وفا	اول و آخر شده بر انبیا
نقطهٔ روشن‌ترِ پرگارِ کُن	نکتهٔ پرگارترین سخُن

مخزن الاسرار

از سخن او، ادب آوازه‌ای — وز کمر او فلک اندازه‌ای
کبر جهان گرچه به سر بر نکرد — سر به جهان هم به جهان در نکرد
عصمتیان در حرمش پردگی — عصمت از او یافته پروردگی
تربتش از دیده جنایت‌ستان — غربتش از مکه جبایت‌ستان
خامُشی او سخن دل‌فروز — دوستی او هنر عیب‌سوز
فتنه فروکشتن ازو دل‌پذیر — فتنه شدن نیز برو ناگزیر
بر همه سرخیل و سرِ خیر بود — قطب گران‌سنگ سبک‌سیر بود
شمع الهی ز دل افروخته — درس ازل تا ابد آموخته
چشمهٔ خورشید که محتاج اوست — نیم‌هلال از شب معراج اوست
تخت‌نشین شب معراج بود — تخت‌نشان کمر و تاج بود
داده فراخی نفس تنگ را — نعل زده خِنگ شب‌آهنگ را
از پی بازآمدنش پای‌بست — موکبیانِ سخن ابلق به دست
چون تک ابلق به تمامی رسید — غاشیه‌داری به نظامی رسید

در معراج

نیم‌شبی کان ملک نیمروز — کرد روان مشعل گیتی‌فروز
نُه فلک از دیده عِماریش کرد — زهره و مه مشعله‌داریش کرد
کرد رها در حرم کائنات — هفت خط و چار حد و شش جهات
روز شده با قدمش در وداع — زآمدنش آمده شب در سماع
دیدهٔ اغیار گران‌خواب گشت — کو سبک از خواب عنان‌تاب گشت

با قفس قالب ازین دامگاه / مرغ دلش رفته به آرامگاه
مرغ پر انداخته، یعنی ملک / خرقه در انداخته، یعنی فلک
مرغ الهیش قفس‌پر شده / قالبش از قلب سبک‌تر شده
گام به گام او چو تحرّک نمود / میل به میلش به تبرّک ربود
چون دو جهان دیده بر او داشتند / سر ز پی سجده فروداشتند
پایش از آن پایه که سر پیش داشت / مرحله بر مرحله صد بیش داشت
رخش بلندآخورش افکند پست / غاشیه را بر کتف هر که هست
بحر زمین کان شد و او گوهرش / بُرد سپهر از پی تاج سرش
گوهر شب را به شب عنبرین / گاو فلک برد ز گاو زمین
او ستده پیشکش آن سفر / از سرطان تاج و ز جوزا کمر
خوشه کزو سنبل تر ساخته / سنبله را بر اسد انداخته
تا شب او را چه‌قَدَر قدر هست / زهرهٔ شب‌سنج ترازو به دست
سنگ ورا کرده ترازو سجود / زآنکه به مقدار ترازو نبود
ریخته نوش از دم سیسنبری / بر دم این عقرب نیلوفری
چون ز کمان تیر شکرزخمه ریخت / زهر ز بزغالهٔ خوانش گریخت
یوسف دلوی شده چون آفتاب / یونس حوتی شده چون دلو آب
تا به حَمَل تخت ثریا زده / لشکر گل خیمه به صحرا زده
از گل آن روضهٔ باغ رفیع / رَبع زمین یافته رنگ رَبیع
عُشر ادب خوانده ز سَبع سَما / عذر قدم خواسته از انبیا
ستر کواکب قدمش می‌درید / سُفت ملائک علمش می‌کشید

ناف شب آکنده ز مشک لبش — نعل مه افکنده سُم مرکبش
در شب تاریک بدان اتفاق — برق شده پویهٔ پای براق
کبک‌وش آن باز کبوترنُمای — فاخته‌رو گشت به فرّ هُمای
سِدره شده صد ره پیراهنش — عرش گریبان زده در دامنش
شب شده روز، اینت نهاری شگرف — گل شده سرو، اینت بهاری شگرف
زان گل و زان نرگس، کان باغ داشت — نرگس او سرمهٔ «ما زاغ» داشت
چون گل ازین پایهٔ فیروزه‌فرش — دست به دست آمد تا ساق عرش
همسفرانش سپر انداختند — بال شکستند و پر انداختند
او به تحیّر چو غریبان راه — حلقه‌زنان بر در آن بارگاه
پرده‌نشینان که درش داشتند — هودَج او یکتنه بگذاشتند
رفت بدان راه که همره نبود — این قدمش زان قدم آگه نبود
هر که جز او بر در آن راز ماند — او هم از آمیزش خود بازماند
بر سر هستی قدمش تاج بود — عرش بدان مائده محتاج بود
چون به همه حرف قلم درکشید — زآستی عرش علم برکشید
تا تن هستی دم جان می‌شمرد — خواجهٔ جان راه به تن می‌سپرد
چون بُنهٔ عرش به پایان رسید — کار دل و جان به دل و جان رسید
تن به گُهَرخانه اصلی شتافت — دیده چنان شد که خیالش نیافت
دیده که نور ازلی بایدش — سر به خیالات فرونایدش
راه قدم پیش قدم درگرفت — پردهٔ خلقت ز میان برگرفت
کرد چو ره رفت ز غایت فزون — سر ز گریبان طبیعت برون

همّتش از غایت روشن‌دلی	آمده در منزل بی‌منزلی
غیرت ازین پرده میانش گرفت	حیرت ازان گوشه عِنانش گرفت
پرده درانداخته دست وصال	از در تعظیم سرای جلال
پایِ شدآمد به سر انداخته	جان به تماشا نظر انداخته
رفت ولی زحمت پایی نداشت	جَست ولی رخصت جایی نداشت
چون سخن از خود به در آمد تمام	تا سخنش یافت قبول سلام
آیت نوری که زوالش نبود	دید به چشمی که خیالش نبود
دیدن او بی‌عرض و جوهرست	کز عرض و جوهر از آن‌سوترست
مطلق از آنجا که پسندیدنی‌ست	دید خدا را و خدا دیدنی‌ست
دیدنش از دیده نباید نهفت	کوری آن‌کس که «به دیده» نگفت
دید پیمبر نه به چشمی دگر	بلکه بدین چشم سر، این چشم سر
دیدن آن پرده مکانی نبود	رفتن آن راه زمانی نبود
هر که در آن پرده نظرگاه یافت	از جهت بی‌جهتی راه یافت
هست ولیکن نه مقرّر به جای	هر که چنین نیست، نباشد خدای
کفر بوَد نفی ثباتش مکن	جهل بوَد وقف جهاتش مکن
خورد شرابی که حق آمیخته	جرعهٔ آن در گِل ما ریخته
لطف ازل با نفسش همنشین	رحمت حق نازکش، او نازنین
لب به شکرخنده بیاراسته	امت خود را به دعا خواسته
همّتش از گنج توانگر شده	جملهٔ مقصود میسّر شده
پشت‌قوی‌گشته از آن بارگاه	روی درآورد بدین کارگاه

زان سفر عشق نیاز آمده	در نفسی رفته و بازآمده
ای سخنت مُهر زبان‌های ما	بوی تو جان‌داروی جان‌های ما
دُور سخا را به تمامی رسان	ختم سخن را به نظامی رسان

نعت اوّل

شمسهٔ نه مَسند هفت اختران	خَتم رُسُل، خاتم پیغمبران
احمد مرسَل که خرد خاک اوست	هر دو جهان بستهٔ فِتراک اوست
تازه‌ترین سنبل صحرای ناز	خاصه‌ترین گوهر دریای راز
سنبل او سنبلهٔ روزتاب	گوهر او لعل‌گر آفتاب
خندهٔ خوش زان نزدی شکّرش	تا نبرد آب صدف گوهرش
گوهر او چون دل سنگی نخست	سنگ چرا گوهر او را شکست؟
کرد جدا سنگ ملامت‌گرش	گوهری از رهگذر گوهرش
یافت فراخی گُهَر از دُرج تنگ	نیست عجب زادن گوهر ز سنگ
آری از آنجا که دلِ سنگ بود	خشکی سوداش در آهنگ بود
کی شدی این سنگ مُفَرِّح‌گزای	گر نشدی دُرشکن و لعل‌سای
سیمِ دیَت بود مگر سنگ را	کآمد و خَست آن دهن تنگ را
هر گهری کز دهن سنگ خاست	با لبش از جملهٔ دندان‌بهاست
گوهر سنگین که زمین کان اوست	کی دیَت گوهر دندان اوست؟
فتح به دندان دیَتش جان‌کنان	از بن دندان شده دندان‌کنان
چون دهن از سنگ به خونابه شست	نام کرم کرد به خود بر درست

از بن دندان سر دندان گرفت
داد به شکرانه، کمِ آن گرفت

زآرزوی داشته دندان گذاشت
کز دو جهان هیچ به دندان نداشت

در صف ناوردگه لشکرش
دست، علم بود و زبان، خنجرش

خنجر او ساخته دندان نثار
خوش نبوَد خنجر دندانه‌دار

این‌همه چه؟ تا کرمش بنگرند
خار نهند، از گل او برخورند

باغ پر از گل، سخن خار چیست؟
رشته پر از مهره، دُم مار چیست؟

با دُم طاوس، کمِ زاغ گیر
با دَم بلبل، طرف باغ گیر

طبع نظامی که بدو چون گل است
بر گل او نغز نوا بلبل است

نعت دوم

ای تن تو پاک‌تر از جان پاک
روح تو پروردهٔ روحی فداک

نقطه‌گه خانهٔ رحمت تویی
خانه‌بر نقطهٔ زحمت تویی

راهروان عربی را تو ماه
یاوگیان عجمی را تو راه

ره به تو یابند و تو ره‌دِه نه‌ای
مهتر دِه خود تو و در دِه نه‌ای

چون تو کریسان که تماشا کنند
رُستی تن‌ها نه به تنها کنند

از سر خوانی که رطب خورده‌ای
از پی ما زَلّه چه آورده‌ای؟

لب بگشا تا همه شکّر خورند
زآب دهانت رُطَب تَر خورند

ای شب گیسوی تو روز نجات
آتش سودای تو آب حیات

عقل شده شیفتهٔ روی تو
سلسلهٔ شیفتگان موی تو

چرخ ز طوق کمرت بنده‌ای
صبح ز خورشید رُخت خنده‌ای

عالَمِ تَر، دامنِ خشک از تو یافت
ناف زمین، نافهٔ مشک از تو یافت

از اثر خاک تو مشکین غبار
پیکر آن بوم شده مشک‌بار

خاک تو از باد سلیمان به است
روضه چه گویم که ز رضوان به است

کعبه که سجّادهٔ تکبیر توست
تشنهٔ جُلّاب تَباشیر توست

تاج تو و تخت تو دارد جهان
تخت، زمین آمد و تاج، آسمان

سایه نداری تو که نور مِهی
رو تو که خود سایهٔ نوراللّهی

چار عَلَم رکن مسلمانی‌ات
پنج دعا نوبت سلطانی‌ات

خاک ذلیلان شده گلشن به تو
چشم غریبان شده روشن به تو

تا قدمت در شب گیسوفشان
بر سر گردون شده دامن‌کشان

پر زر و دُر گشته ز تو دامنش
خشتک زر سوزهٔ پیراهنش

در صدف صبح به دست صفا
غالیهٔ بوی تو سایَد صبا

لاجرم آنجا که صبا تاخته
لشکر عنبر علم انداخته

بوی کزآن عنبر لرزان دهی
گر به دو عالم دهی، ارزان دهی

سِدرِه ز آرایش صُدرت زهی‌ست
عرش در ایوان تو کرسی‌نهی‌ست

روزن جانت چو بوَد صبح‌تاب
ذرّه بوَد عرش در آن آفتاب

گرنه ز صبح آینه بیرون فتاد
نور تو بر خاک زمین چون فتاد؟

ای دو جهان، زیر زمین از چه‌ای؟
گنج نه‌ای، خاک‌نشین از چه‌ای؟

تا تو به خاک اندری ای گنج پاک
شرط بوَد گنج سپردن به خاک

گنج تو را فقر تو ویرانه بس
شمع تو را ظِلِّ تو پروانه بس

چرخ مقوّس هدف آه توست
چنبر دلوَش رَسَن چاه توست

این دو طرف‌گردِ سپید و سیاه / راه تو را پیک ز پیکان راه
عقل شفاجوی و طبیبش تویی / ماه سفرساز و غریبش تویی
خیز و شب منتظران روز کن / طبع نظامی طرب‌افروز کن

نعت سوم

ای مدنی‌بُرقع و مَکّی‌نقاب / سایه‌نشین چند بوَد آفتاب
گر مَهی از مِهر تو مویی بیار / ور گلی از باغ تو بویی بیار
منتظران را به لب آمد نفس / ای ز تو فریاد، به فریاد رس
سوی عجم ران، منشین در عرب / زردهٔ روز اینک و شبدیز شب
مُلک برآرای و جهان تازه کن / هر دو جهان را پُر از آوازه کن
سکّه تو زن، تا اُمَرا کم زنند / خطبه تو کن، تا خُطَبا دم زنند
خاک تو بویی به ولایت سپرد / باد نفاق آمد و آن بوی برد
بازکش این مَسنَد از آسودگان / غسل ده این منبر از آلودگان
خانهٔ غول‌اند بپردازشان / در غَله‌دان عدم اندازشان
کم کن اِجری که زیادت خورند / خاص کن اقطاع که غارتگرند
ما همه جسمیم، بیا جان تو باش / ما همه موریم، سلیمان تو باش
از طرفی رخنهٔ دین می‌کنند / وز دگر اطراف کمین می‌کنند
شحنه تویی، قافله تنها چراست؟ / قلب تو داری، علم آنجا چراست؟
یا علیی در صف میدان فرست / یا عُمَری در ره شیطان فرست
شب به سر ماه یمانی درآر / سر چو مه از بُرد یمانی برآر

با دو سه، در بندِ کمربند باش | کمزنِ این کمزدۀ چند باش
پانصد و هفتاد بس ایّام خواب | روز بلند است، به مجلس شتاب
خیز و بفرمای سِرافیل را | باد دمیدن دو سه قندیل را
خلوتی پردۀ اسرار شو | ما همه خُفتیم، تو بیدار شو
زآفتِ این خانۀ آفت‌پذیر | دست برآور، همه را دست گیر
هرچه رضای تو به‌جز راست نیست | با تو کسی را سر واخواست نیست
گر نظر از راه عنایت کنی | جمله مهمّات کفایت کنی
دایره بنمای به انگشت دست | تا به تو بخشیده شود، هرچه هست
با تو تصرّف که کند وقت کار | از پی آمرزش مشتی غبار؟
از تو یکی پرده برانداختن | وز دو جهان خرقه درانداختن
مغز نظامی که خبرجوی توست | زنده‌دل از غالیۀ بوی توست
از نفسش بوی وفایی ببخش | مُلک فریدون به گدایی ببخش

نعت چهارم

ای گُهر تاج فرستادگان | تاجدهِ گوهر آزادگان
هرچه ز بیگانه و خیل تواند | جمله در این خانه طُفِیل تواند
اول بیت ارچه به نام تو بست | نام تو چون قافیه آخر نشست
این ده ویران، چو اشارت رسید | از تو و آدم به عمارت رسید
آنچه بدو خانه نوآیین بوَد | خشت پسین، دای نخستین بوَد
آدم و نوحی، نه، به از هر دوی | مُرسلۀ یک گره از هر دوی

آدم ازان دانه که شد هیضه‌دار
توبه شدش گُل‌شِکر خوش‌گوار

توبهٔ دل در چمنش بوی توست
گُل‌شِکرش خاک سر کوی توست

دل ز تو چون گُل‌شِکر توبه خورد
گُل‌شِکر از گُل‌شِکری توبه کرد

گوی قبولی ز ازل ساختند
در صف میدان دل انداختند

آدم نوزخمه درآمد به پیش
تا بَرد آن گوی به چوگان خویش

بارگی‌اش چون عقب خوشه رفت
گوی فروماند و فرا گوشه رفت

نوح که لب‌تشنه به حیوان رسید
چشمه غلط کرد و به طوفان رسید

مهد براهیم چو رای اوفتاد
نیم ره آمد، دو سه جای اوفتاد

چون دل داوود نفس تنگ داشت
درخور این زیر، بم آهنگ داشت

داشت سلیمان ادب خود نگاه
مملکت‌آلوده نَجُست این کلاه

یوسف از آن چاه عیانی ندید
جز رسن و دَلو نشانی ندید

خضر عِنان زین سفر خشک تافت
دامن خود، تر شدهٔ چشمه یافت

موسی از این جام تهی دید دست
شیشه به کُهپایهٔ «أَرِنی» شکست

عزم مسیحا نه به این دانه بود
کو ز درون تهمتی خانه بود

هم تو فلک‌طرح درانداختی
سایه بر این کار برانداختی

مُهر شد این نامه به عنوان تو
ختم شد این خطبه به دوران تو

خیز و به از چرخ مداری بکن
او نکند کار تو کاری بکن

خط فلک خطّهٔ میدان توست
گوی زمین در خَم چوگان توست

تا ز عدم گرد فنا برنخاست
می‌تک و می‌تاز که میدان تو راست

کیست فنا کآب ز جامت برد؟
یا عدم سفله که نامت برد؟

پای عدم در عدم آواره کن / دست فنا را به فنا پاره کن
ای نفست نطق زبان‌بستگان / مرهم سودای جگرخستگان
عقل به شرع تو ز دریای خون / کشتی جان بُرد به ساحل درون
قبلهٔ نُه چرخ به کویت در است / عَبهَر شش روزه به مویت در است
مُلک چو مویت همه درهم شود / گر سر مویی ز سرت کم شود
بی‌قلم از پوست برون‌خوان تویی / بی‌سخن از مغز درون‌دان تویی
زان بزد انگشت تو بر حرف، پای / تا نشود حرف تو انگشت‌سای
حرف همه خلق شد انگشت‌رس / حرف تو بی‌زحمت انگشت کس
پِست‌شکر گشت غبار درت / پسته و عنّاب شده شکرت
یک کف پِست تو به صحرای عشق / برگ چهل روزه تماشای عشق
تازه‌ترین صبح نجاتی مرا / خاک توام، کآب حیاتی مرا
خاک تو خود روضهٔ جان من است / روضهٔ تو جان و جهان من است
خاک تو در چشم نظامی کشم / غاشیه بر دوش غلامی کشم
بر سر آن روضهٔ چون جان پاک / خیزم چون باد و نشینم چو خاک
تا چو سران غالیهٔ تر کنند / خاک مرا غالیهٔ سر کنند

در مدح ملك فخر الدين بهرامشاه بن داود

من که درین دایرهٔ دهربند / چون گره نقطه شدم شهربند
دسترس پای‌گشایم نیست / سایه ولی فرّ همایم نیست
پای فرورفته بدین خاک در / با فلکم دست به فتراک در

فرق به زیر قدم انداختم / وز سر زانو قدمی ساختم
گشته ز بس روشنی روی من / آینهٔ دل سر زانوی من
من که به این آینه پرداختم / آینهٔ دیده درانداختم
تا ز کدام آینه تابی رسد / یا ز کدام آتشم آبی رسد
چون نظر عقل به رای درست / گرد جهان دست برآورد چست
دید از آن مایه که در همّت است / پایه‌دهی را که ولی‌نعمت است
شاه قوی‌طالع فیروزچنگ / گلبُن این روضهٔ فیروزه‌رنگ
خضر سکندرمنش چشمه‌رای / قطب رصدبَند مجسطی‌گشای
آن که ز مقصود وجود اول است / وآیت مقصود بدو مُنزَل است
شاه فلک‌تاج سلیمان‌نگین / مفخر آفاق، ملک فخر دین
نسبت داودی او کرده چست / بر شرفش نام سلیمان درست
رایت اسحاق ازو عالی است / ضدّش اگر هست، سماعیلی است
یکدلهٔ شش جهت و هفتگاه / نقطهٔ نُه دایره، بهرامشاه
آن که ز بهرامی او وقت زور / گور بود بهرهٔ بهرام گور
مفخر شاهان به تواناتری / نامور دهر به داناتری
خاص کن ملک جهان بر عموم / هم ملک اَرمَن و هم شاه روم
سلطنت‌اورنگِ خلافت‌سریر / رومستانندهٔ اَبخازگیر
عالم و عادل‌ترِ اهل وجود / محسن و مکرم‌ترِ ابنای جود
دین فلک و دولت او اخترست / ملک صدف، خاک درش گوهرست
چشمه و دریاست به ماهیّ و دُر / چشمهٔ آسوده و دریای پر

با کفش این چشمهٔ سیماب‌ریز
خوانده چو سیماب گریزاگریز

خنده‌زنان از کمرش لعل ناب
بر کمر لعل‌کش آفتاب

آفت این پنجرهٔ لاجورد
پنجه در او زد که بدو پنجه کرد

کوس فلک را جرسش بشکند
شیشهٔ مه را نفسش بشکند

خوب‌سرآغازتر از خرّمی
نیک‌سرانجام‌تر از مردمی

جام سخا را که کفش ساقی است
باقی بادا که همین باقی است

در خطاب زمین‌بوس فرماید

ای شرف گوهر آدم به تو
روشنی دیدهٔ عالم به تو

چرخ که یک پشت ظفرساز توست
نُه شکم آبستن یک راز توست

گوش دو ماهی زبر و زیر تو
شد صدف گوهر شمشیر تو

مَه که به شب تیغ درانداخته است
با سر تیغت سپر انداخته است

چشمهٔ تیغ تو چو آب فُرات
ریخته قَرّابهٔ آب حیات

هر که به طوفان تو خوابش بَرَد
ور به مثل نوح شد، آبش برد

جام تو کیخسرو جمشیدهُش
روی تو پروانهٔ خورشیدکش

شیردلی کن که دلیرافکنی
شیر خطا گفتم، شیرافکنی

چرخ ز شیرانِ چنین بیشه‌ای
از تو کند بیشتر اندیشه‌ای

آن دل و آن زَهره که را در مصاف
کز دل و از زَهره زند با تو لاف

هرچه به زیر فلک ازرق است
دست مراد تو برو مطلق است

دست‌نشان هست تو را چند کس
دست‌نشین تو فرشته‌ست و بس

مخزن‌الاسرار

دور به تو خاتم دوران نبشت / باد به خاک تو سلیمان نبشت
ایزد کو داد جوانیّ و ملک / ملک تو را داد، تو دانیّ و ملک
خاک به اقبال تو زر می‌شود / زهر به یاد تو شکر می‌شود
می که فریدون نکند با تو نوش / رشتهٔ ضحّاک برآرد ز دوش
می‌خور می، مطرب و ساقیت هست / غم چه خوری؟ دولت باقیت هست
ملک‌حفاظیّ و سلاطین‌پناه / صاحب شمشیری و صاحب‌کلاه
گرچه به شمشیر صلابت‌پذیر / تاجستان آمدی و تخت‌گیر
فشانی کنی چون خلفا گنج / تاج دهی، تختستانی کنی
هست سر تیغ تو بالای تاج / از ملکان چون نستانی خراج
تختبر آن سر که برو پای توست / بختور آن دل که در او جای توست
جغد به دور تو هُمایی کند / سر که رسد پیش تو پایی کند
منکر معروف هدایت شده / از تو شکایت به شکایت شده
در سُم رخشت که زمین راست بیخ / خصم تو چون نعل شده چار میخ
هفت فلک با گهرت حُقّه‌ای / هشت بهشت از علمت شقّه‌ای
هر که نه در حکم تو باشد سرش / بر سرش افسار شود افسرش
در همه فن صاحب یکفن تویی / جان دو عالم به یکی تن تویی
گوش سخا را ادب‌آموز کن / شمع سخن را نفس‌افروز کن
خلعت گردون به غلامی فرست / بوی قبولی به نظامی فرست
گرچه سخن فربه و جان‌پرور است / چون که به خوان تو رسد لاغر است
بی‌گهر و لعل شد این بحر و کان / گوهرش از کف ده و لعل از دهان

وآن که حسود است بر او بی‌دریغ / لعل ز پیکان ده و گوهر ز تیغ
چون فلکت طالع مسعود داد / عاقبت کار تو محمود باد
ساخته و سوخته در راه تو / ساخته من، سوخته بدخواه تو
فتح تو سر چون علم افراخته / خصم تو سر چون قلم انداخته

در مقام و مرتبت این نامه

من که سراینده‌ٔ این نوگلم / باغ تو را نغمه‌سرا بلبلم
در ره عشقت نفسی می‌زنم / بر سر کویت جرسی می‌زنم
عاریت کس نپذیرفته‌ام / آنچه دلم گفت بگو گفته‌ام
شعبدهٔ تازه برانگیختم / هیکلی از قالب نو ریختم
صبح‌روی چند ادب آموخته / پرده ز سحر سحری دوخته
مایهٔ درویشی و شاهی در او / مخزن اسرار الهی در او
بر شکر او ننشسته مگس / نی مگس او شکرآلود کس
نوح درین بحر سپر بِفکَنَد / خضر درین چشمه سبو بشکند
بر همه شاهان ز پی این جمال / قرعه زدم نام تو آمد به فال
نامه دو آمد ز دو ناموسگاه / هر دو مسجّل به دو بهرامشاه
آن زری از کان کهن ریخته / وین دری از بحر نو انگیخته
آن به در آورده ز غزنی علم / وین زده بر سکّهٔ رومی رقم
گرچه در آن سکّه سخن چون زر است / سکّهٔ زرّ من از آن بهتر است
گر کم از آن شد بُنِه و بار من / بهتر از آن است خریدار من

شیوه غریب است، مشو نامجیب
گر بنوازیش نباشد غریب

کاین سخن رَسته پر از نقش باغ
عاریت‌افروز نشد چون چراغ

اوست در این ده ز ده آبادتر
تازه‌تر از چرخ و کهن‌زادتر

رنگ ندارد ز نشانی که هست
راست نیاید به زبانی که هست

خوان تو را این دو نواله سخُن
دست نکرده‌ست برو دستکُن

گر نمکش هست، بخور نوش باد
ورنه ز یاد تو فراموش باد

با فلک آن شب که نشینی بخوان
پیش من افکن قدری استخوان

کاخر، لاف سَگی‌ات می‌زنم
دبدبهٔ بندِگی‌ات می‌زنم

از ملکانی که وفا دیده‌ام
بستن خود بر تو پسندیده‌ام

خدمتم آخر به وفایی کشد
هم سر این رشته به جایی کشد

گرچه بدین درگه پایندگان
روی نهادند ستایندگان

پیش نظامی به حساب ایستند
او دگر است این دگران کیستند

من که درین منزلشان مانده‌ام
مرحله‌ای پیش‌تَرَک رانده‌ام

تیغ ز الماس زبان ساختم
هر که پس آمد، سرش انداختم

تیغ نظامی که سرانداز شد
کُند نشد، گرچه کهن‌ساز شد

گرچه خود این پایهٔ بی‌همسری‌ست
پای مرا هم سر بالاتری‌ست

اوجِ بلند است، در او می‌پرم
باشد، کز همت خود برخورم

تا مگر از روشنی رای تو
سر نَهَم آنجا که بوَد پای تو

گرد تو گیرم که به گردون رَسَم
تا نرسانی تو مرا، چون رَسَم

بود بسیجم که در این یک دو ماه
تازه کنم عهد زمین‌بوس شاه

گرچه درین حلقه که پیوسته‌اند / راه برون آمدنم، بسته‌اند
پیش تو از بهرِ فزون آمدن / خواستم از پوست برون آمدن
باز چو دیدم همه ره شیر بود / پیش و پسم دشنه و شمشیر بود
لیک درین خطهٔ شمشیربند / بر تو کنم خطبه به بانگ بلند
آب سخن بر دَرَت افشانده‌ام / ریگ منم، اینکه به جا مانده‌ام
ذرّه‌صفت پیش تو ای آفتاب / باد دعای سحرم مستجاب
گشته دلم بحر گهرریز تو / گوهر جانم کمرآویز تو
تا شب و روز است، شبت روز باد / گوهر شاهیت شب‌افروز باد
این سری‌اَت باد به نیک‌اختری / بهتر باد آن سری‌اَت زین سری

گفتار در فضیلت سخن

جنبش اول که قلم برگرفت / حرف نخستین ز سخن درگرفت
پردهٔ خلوت چو برانداختند / جَلوَت اول به سخن ساختند
تا سخن آوازهٔ دل درنداد / جان، تنِ آزاده به گل درنداد
چون قلم آمد شدن آغاز کرد / چشم جهان را به سخن باز کرد
بی‌سخن آوازهٔ عالم نبود / این همه گفتند و سخن کم نبود
در لغت عشق، سخن جان ماست / ما سخنیم، این طلل ایوان ماست
خط هر اندیشه که پیوسته‌اند / بر پر مرغان سخن بسته‌اند
نیست درین کهنهٔ نوخیزتر / موی‌شکافی ز سخن تیزتر
اولِ اندیشه، پسینِ شمار / هم سخن است، این سخن اینجا بدار

تاجوران تاجورش خوانده‌اند / وان دگران، آن دگرش خوانده‌اند
گه به نوای علمش برکشند / گه به نگار قلمش درکشند
او ز علم فتح‌نماینده‌تر / وز قلم اقلیم‌گشاینده‌تر
گرچه سخن خود ننماید جمال / پیش پرستندهٔ مشتی خیال
ما که نظر بر سخن افکنده‌ایم / مردهٔ اوییم و بدو زنده‌ایم
سردپیان آتش ازو تافتند / روان آب درو یافتند گرم
اوست درین دِه ز دِه آبادتر / تازه‌تر از چرخ و کهن‌زادتر
رنگ ندارد ز نشانی که هست / راست نیاید به زبانی که هست
با سخن آنجا که برآرد علم / حرف زیاد است و زبان نیز هم
گرنه سخن رشتهٔ جان تافتی / جان سر این رشته کجا یافتی؟
ملک طبیعت به سخن خورده‌اند / مهر شریعت به سخن کرده‌اند
کان سخن ما و زر خویش داشت / هر دو به صرّاف سخن پیش داشت
کز سخن تازه و زرّ کهن / گوی چه بِه؟ گفت سخن بِه، سخُن
پیک سخن ره به سر خویش بُرد / کس نبَرَد آنچه سخن پیش بُرد
سیمِ سخن زن که دِرَم خاک اوست / زر چه سگ است، آهوی فتراک اوست
صدرنشین‌تر ز سخن نیست کس / دولت این ملک سخن راست بس
هرچه نه دل بی‌خبرست از سخن / شرح سخن بیشتر است از سخن
تا سخن است از سخن آوازه باد / نام نظامی به سخن تازه باد

برتری سخن منظوم از منثور

چون که نَسَخته سخن سرسری / هست بر گوهریان، گوهری

نکته نگه‌دار، ببین چون بُوَد / نکته که سنجیده و موزون بُوَد

قافیه‌سنجان که سخن برکشند / گنج دو عالم به سخن درکشند

خاصه کلیدی که درِ گنج راست / زیر زبان مرد سخن‌سنج راست

آن که ترازوی سخن سَخته کرد / بختوران را به سخن بخته کرد

بلبل عرش‌اند سخن‌پروران / باز چه مانند به آن دیگران

زآتش فکرت چو پریشان شوند / با ملَک از جملهٔ خویشان شوند

پردهٔ رازی که سخن‌پروری‌ست / سایه‌ای از پردهٔ پیغمبری‌ست

پیش و پَسی بست صف کبریا / پس شعرا آمد و پیش انبیا

این دو نظر محرم یک دوستند / این دو چو مغز، آن‌همه چون پوستند

هر رطبی کز سر این خوان بُوَد / آن نه سخن، پاره‌ای از جان بُوَد

جانِ تراشیده به منقار گل / فکرتِ خاییده به دندان دل

چشمهٔ حکمت که سخن‌دانی است / آب شده زین دو سه یک نانی است

آن که درین پرده نوایش هست / خوش‌تر ازین حجره سراییش هست

با سر زانوی ولایت‌ستان / سر ننهد بر سر هر آستان

چون سر زانو قدم دل کند / در دو جهان دست حَمایل کند

آید فرقش به سلام قدم / حلقه‌صفت پای و سر آرد به‌هم

در خم آن حلقه که چستش کند / جان شکند، باز درستش کند

گاهی از آن حلقهٔ زانو قرار / حلقه نهد گوش فلک را هزار

گاه بدین حقّهٔ فیروزه‌رنگ
مهره یکی ده به در آرد ز چنگ

چون به سخن گرم شود مرکبش
جان به لب آید که ببوسد لبش

از پی لعلی که برآرد ز کان
رخنه کند بیضهٔ هفت آسمان

نسبت فرزندی ابیات چست
بر پدر طبع بدارد درست

خدمتش آرد فلک چنبری
باز رهد زآفت خدمتگری

هم نفسش راحت جان‌ها شود
هم سخنش مهر زبان‌ها شود

هر که نگارندهٔ این پیکر اوست
بر سخنش زن که سخن‌پرور اوست

مشتریِ سحرسخن خوانمش
زُهرهٔ هاروت‌شکن دانمش

این بُنه کاهنگ سواران گرفت
پایهٔ خوار از سر خواران گرفت

رای مرا این سخن از جای برد
کآب سخن را سخن‌آرای برد

میوهٔ دل را که به جانی دهند
کی بود آبی چو به نانی دهند؟

ای فلک، از دست تو چون رسته‌اند
این گره‌هایی که کمر بسته‌اند؟

کار شد از دست به انگشت پای
این گره از کار سخن واگشای

سیم‌کشانی که به زر مرده‌اند
سکهٔ این سیم به زر برده‌اند

هر که به زر سکهٔ چون روز داد
سنگ سِتد، دُرّ شب‌افروز داد

لاجرم این قوم که داناترند
زیرترند، ارچه به بالاترند

آن که سرش زرکش سلطان کشید
بازپسین لقمه ز آهن چشید

وآن که چو سیماب غم زر نخورد
نقره شد و آهن سنجر نخورد

چون سخنت شهد شد، ارزان مکن
شهد سخن را مگس‌افشان مکن

تا ندهندت مَسِتان گر وفاست
تا ننیوشند مگو گر دعاست

تا نکند شرع تو را نامدار / نامزد شعر مشو زینهار
شعر تو را سِدرهِ‌نشانی دهد / سلطنت ملک معانی دهد
شعر تو از شرع بدانجا رسد / کز کمرت سایه به جوزا رسد
شعر برآرد به امیریت نام / کالشعراءُ امراء الکلام
چون فلک از پای نشاید نشست / تا سخنی چون فلک آری به دست
بر صفت شمع سرافکنده باش / روز فرومرده و شب زنده باش
چون تک اندیشه به گرمی رسید / تندرو چرخ به‌نرمی رسید
به که سخن دیرپسند آوری / تا سخن از دستِ بلند آوری
هرچه در این پرده نشانت دهند / گر نپسندی به از آنت دهند
سینه مکن گر گهر آری به دست / بهتر از آن جوی که در سینه هست
هر که عَلَم بر سر این راه برد / گوی ز خورشید و تک از ماه برد
گر نفسش گرمروی هم نکرد / یک نفس از گرمروی کم نکرد
در تک فکرت که روش گرم داشت / برد فلک را ولی آزرم داشت
بارگی از شهپر جبریل ساخت / بادزن از بال سِرافیل ساخت
پی سپرِ کس مکن این کشته را / باز مده سر به کَس این رشته را
سفرهٔ انجیر شدی صفروار / گر همه مرغی بُدی انجیرخوار
من که درین شیوه مُصیب آمدم / دیدنی ارزم که غریب آمدم
شعر به من صومعه‌بنیاد شد / شاعری از مصطبه آزاد شد
زاهد و راهب سوی من تاختند / خِرقه و زُنّار درانداختند
سرخ‌گلی غنچه‌مثالم هنوز / منتظر بادِ شِمالم هنوز

گر بنمایم سخن تازه را / صور قیامت کنم آوازه را
هرچه وجود است ز نو تا کهن / فتنه شود بر من جادوسخن
صنعت من برده ز جادو شکیب / سحر من افسون ملائک‌فریب
بابِل من گنجهٔ هاروت‌سوز / زُهرهٔ من خاطر اَنجُم‌فروز
زهرهٔ این منطقه میزانی است / لاجرمش منطق روحانی است
سِحر حلالم سَحَری‌قوت شد / نَسخ کن نُسخهٔ هاروت شد
شکل نظامی که خیال من است / جانور از سِحر حلال من است

در توصیف شب و شناختن دل

چون سپر انداختن آفتاب / گشت زمین را سپرافکن بر آب
گشت جهان از نفسش تنگ‌تر / وز سپر او سپرک رنگ‌تر
با سپر افکندن او لشکرش / تیغ کشیدند به قصد سرش
گاو که خرمهره بدو درکشند / چون که بیفتد همه خنجر کشند
طفل شب آهیخت چو در دایه دست / زَنگُلهٔ روز فراپاش بست
از پی سودای شب اندیشه‌ناک / ساخته معجون مُفَرّح ز خاک
خاک شده باد مسیحای او / آب زده آتش سودای او
شربت و رنجور به‌هم ساخته / خانهٔ سودا شده پرداخته
ریخته رنجور یکی طاس خون / گشته ز سر تا قدم اَنقاس‌گون
رنگ درونی شده بیرون‌نشین / گفته قضا «کان من الکافرین»
هر نفسی از سر طنّازیی / بازی شب ساخته شب‌بازیی

گه قَصَب ماه گل‌آمیز کرد / گاه دف زُهره درمریز کرد
من به چنین شب که چراغی نداشت / بلبل آن روضه که باغی نداشت
خون جگر با سخن آمیختم / آتش از آب جگر انگیختم
با سخنم چون سخنی چند رفت / بی‌کسم اندیشه درین پند رفت
هاتف خلوت به من آواز داد / وام چنان کن که توان باز داد
آب درین آتش پاکت چراست؟ / باد جنیبت‌کش خاکت چراست؟
خاکِ تب‌آرنده به تابوت بخش / آتش تابنده به یاقوت بخش
تیر میفکن که هدف رای توست / مِقرعه کم زن که فرس پای توست
غافل از این بیش نشاید نشست / بر درِ دل ریز، گر آبیت هست
در خَم این خُم که کبودی خوش است / قصهٔ دل گو که سرودی خوش است
دور شو از راهزنان حواس / راه تو دل داند، دل را شناس
عرش‌روانی که ز تن رَسته‌اند / شهپر جبریل به دل بسته‌اند
وآن که عنان از دو جهان تافته است / قوت ز دیوارهٔ دل یافته است
دل اگر این مهرهٔ آب و گل است / خر هم از اقبال تو صاحب‌دل است
زنده به جان، خود همه حیوان بود / زنده به دل باش که عمر آن بود
دیده و گوش از غرض افزونی‌اند / کارگر پردهٔ بیرونی‌اند
پنبه درآکنده چو گل گوش تو / نرگس چشم آبلهٔ هوش تو
نرگس و گل را چه پرستی به باغ؟ / ای ز تو هم نرگس و هم گل به داغ
دیده که آیینهٔ هر ناکس است / آتش او آب جوانی بس است
طبع که با عقل به دلّالگی‌ست / منتظر نقد چهل سالگی‌ست

تا به چهل سال که بالغ شود | خرج سفرهاش مبالغ شود
یار کنون بایدت، افسون مخوان | درس چهل سالگی اکنون مخوان
دست برآور ز میان چاره جوی | این غم دل را دل غمخواره جوی
غم مخور البته که غمخوار هست | گردن غم بشکن اگر یار هست
بی‌نفسی را که زبون غم است | یاری یاران مددی محکم است
چون نفسی گرم شود با دو کس | نیست شود صد غم از آن یک نفس
صبح نخستین چو نفس برزند | صبح دوم بانگ بر اختر زند
پیش‌ترین صبح به خواری رسد | گرنه پسین صبح به یاری رسد
از تو نیاید به تُوی هیچ کار | یار طلب کن که برآید ز یار
گرچه همه مملکتی خوار نیست | یار طلب کن که به از یار نیست
هست ز یاری همه را ناگزیر | خاصه ز یاری که بوَد دستگیر
این دو سه یاری که تو داری تَرند | خشک‌تر از حلقهٔ در بر درند
دست درآویز به فتراک دل | آب تو باشد که شوی خاک دل
چون ملک‌العرش جهان آفرید | مملکت صورت و جان آفرید
داد به ترتیب ادب ریزشی | صورت و جان را به هم آمیزشی
زین دو هم آگوش دل آمد پدید | آن خلفی کو به خلافت رسید
دل که بر او خطبه سلطانی است | اِکدش جسمانی و روحانی است
نور ادیمت ز سهیل دل است | صورت و جان هر دو طفیل دل است
چون سخن دل به دماغم رسید | روغن مغزم به چراغم رسید
گوش در این حلقه زبان ساختم | جان هدف هاتف جان ساختم

چرب‌زبان گشتم از آن فربهی
طبع ز شادی پر و از غم تهی

ریختم از چشمهٔ چشم آب سرد
کآتش دل آب مرا گرم کرد

دست برآوردم از آن دست‌بند
راه زنان عاجز و من زورمند

در تک آن راه دو منزل شدم
تا به یکی تک به در دل شدم

من سوی دل رفته و جان سوی لب
نیمهٔ عمرم شده تا نیم‌شب

بر در مقصورهٔ روحانی‌ام
گوی شده قامت چوگانی‌ام

گوی به دست آمده چوگان من
دامن من گشته گریبان من

پای ز سر ساخته و سر ز پای
گوی‌صفت گشته و چوگان‌نمای

کار من از دست و من از خود شده
صد ز یکی دیده، یکی صد شده

همسفران جاهل و من نوسفر
غربتم از بی‌کسی‌ام تلخ‌تر

ره نه کزآن در بتوانم گذشت
پایِ درون نیّ و سرِ بازگشت

چون که در آن نَقب زبانم گرفت
عشق نقیبانه عنانم گرفت

حلقه زدم، گفت بدین وقت کیست؟
گفتم اگر بار دهی، آدمی‌ست

پیشروان پرده برانداختند
پردهٔ ترکیب درانداختند

لاجرم از خاص‌ترینِ سرای
بانگ درآمد که نظامی درآی

خاص‌ترین مَحرم آن در شدم
گفت درون آی درون‌تر شدم

بارگهی یافتم افروخته
چشم بد از دیدن او دوخته

هفت خلیفه به یکی خانه در
هفت حکایت به یک افسانه در

ملک ازان بیش که افلاک راست
دولتیا خاک که آن خاک راست

در نفس‌آبادِ دم نیم‌سوز
صدرنشین گشته شهِ نیمروز

سرخ‌سواری به ادب پیش او / لعل‌قبایی ظفراندیش او

تلخ‌جوانی یَزَکی در شکار / زیرتر از وی سیهی دُردخوار

قصدِ کمین کرده کمندافکنی / سیم زره ساخته روئین‌تنی

این همه پروانه و دل شمع بود / جمله پراکنده و دل جمع بود

من به قناعت شده مهمان دل / جان به نوا داده به سلطان دل

چون علم لشکر دل یافتم / روی خود از عالمیان تافتم

دل به زبان گفت که ای بی‌زبان / مرغ طلب بگذر از این آشیان

آتش من محرم این دود نیست / کان نمک این پاره نمکسود نیست

سایه‌ام از این سرو تواناتر است / پایه‌ام از این پایه به بالاتر است

گنجم و در کیسهٔ قارون نی‌ام / با تو نی‌ام وز تو به بیرون نی‌ام

مرغ لبم با نفس گرم او / پَرِّ زبان ریخته از شرم او

ساختم از شرم سرافکندگی / گوش ادب حلقه‌کش بندگی

خواجهٔ دل عهد مرا تازه کرد / نام نظامی فلک‌آوازه کرد

چون که ندیدم ز ریاضت گزیر / گشتم از آن خواجه ریاضت‌پذیر

خلوت اوّل: در پرورش دل

رایض من چون ادب آغاز کرد / از گره نُه فلکم باز کرد

گرچه گره در گرهش بود جای / برنگرفت از سر این رشته پای

تا سر این رشته به جایی رسید / کان گره از رشته بخواهد برید

خواجه معالقصه که در بند ماست / گرچه خدا نیست، خداوند ماست

شحنهٔ راهِ دو جهانِ من است
گرنه چرا در غم جان من است
گرچه بسی ساز ندارد ز من
شفقت خود باز ندارد ز من
گشت چو من بی‌ادبی را غلام
آن ادب‌آموز مرا کرد رام
از چو منی سر به هزیمت نبرد
صحبت خاکی به غنیمت شمرد
روزی از این مصر زلیخاپناه
یوسفیی کرد و برون شد ز چاه
چشم شب از خواب چو بردوختند
چشم چراغ سحر افروختند
صبح چراغی سحرافروز شد
کُحلی شب، قرمزی روز شد
خواجه گریبان چراغی گرفت
دست من و دامن باغی گرفت
دامنم از خار غم آسوده کرد
تا به گریبان به گُل آموده کرد
من چو لب لاله شده خنده‌ناک
جامه به صد جای چو گُل کرده چاک
لاله دل خویش به جانم سپرد
گل کمر خود به میانم سپرد
گَه چو می آلوده به خون آمدم
گَه چو گل از پرده برون آمدم
گل به گل و شاخ به شاخ از شتاب
می‌شدم ایدون که شود نشو آب
تا علم عشق به جایی رسید
کز طرفی بوی وفایی رسید
نکتهٔ بادی به زبان فصیح
زنده‌دلم کرد چو باد مسیح
زیر زمین ریخت عماریم را
تک به صبا داد سواریم را
گفت فرود آی و ز خود دم مزن
ورنه فرود آرَمَت از خویشتن
من که بر آن آب چو کشتی شدم
ساکن از آن باد بهشتی شدم
آب روان بود، فرود آمدم
تشنه‌زبان بر لب رود آمدم
چشمهٔ افروخته‌تر زآفتاب
خضر به خضریش ندیده به خواب

خوابگهی بود سمن‌زار او / خواب‌کنان نرگس بیدار او
دایرهٔ خطِ سپهرش مقام / غالیهٔ بوی بهشتش غلام
گل ز گریبانِ سَمَن کرده جای / خارکشان دامن گل زیر پای
آهو و روباه در آن مرغزار / نافه به گل داده و نیفه به خار
طوطی از آن گل که شکرخنده بود / بر سر سبزیش پَر افکنده بود
تازه گیا طوطی شکّر به دست / آهوَکان از شکرش شیرمست
جلوه‌گر از حجلهٔ گل‌ها شمال / گل‌شکر از شاخ گیاها غزال
خِیری منشور، مرکّب شده / مِروَحهٔ عنبرِ اَشهب شده
سرمهٔ بیننده چو نرگس نماش / سوسن افعی چو زمرّد گیاش
قافله‌زن یاسمن و گل به‌هم / قافیه‌گو قمری و بلبل به‌هم
سوسن یک‌روزهٔ عیسی‌زبان / داده به صبح از کف موسی نشان
فاخته فریادکنان صبحگاه / فاخته‌گون کرده فلک را به آه
باد، نویسنده به دست امید / بیدقصهٔ گل بر ورق مشک
گه به سلام چمن آمد بهار / گه به سپاس آمده گل پیش خار
تُرکِ سمن خیمه به صحرا زده / ماهچهٔ خیمه به ثریّا زده
لاله به آتشگه راز آمده / چون مغ هندو به نماز آمده
هندوَک لاله و تُرک سمن / سهل عرب بود و سهیل یمن
زورق باغ از علم سرخ و زرد / پنجره‌ها ساخته از لاجورد
آب ز نرمی شده قاقم‌نمای / طرفه بُوَد قاقم سنجاب‌سای
شاخ ز نور فلک انگیخته / در قدم سایه درم ریخته

سایه سخن‌گو به لب آفتاب / زنده شده ریگ ز تسبیح آب

نسترن از بوسهٔ سنبل به‌زخم / از مژهٔ غنچه لب گل به‌زخم

ترکش خیری تهی از تیر خار / گاه سپر خواسته گه زینهار

سحرزده بید، به لرزه تنش / مجمر لاله شده دودافکنش

خواست پریدن چمن از چابکی / خواست چکیدن سمن از نازکی

نی به شکرخنده برون آمده / زردهٔ گل نعل به خون آمده

آن گُل خودرای که خودروی بود / از نفس باد سخن‌گوی بود

سبزتر از برگ ترنج آسمان / آمده نارنج‌به‌دست آن زمان

چون فلک آنجا عَلَم آراسته / سبزه بکشتیش به‌در خواسته

هر گره از رشتهٔ آن سبز خوان / جان زمین بود و دل آسمان

اختر سرسبز مگر بامداد / گفت زمین را که سرت سبز باد

یا فلک آنجا گذر آورده بود / سبزه به بیجاده گرو کرده بود

چشمه درفشنده‌تر از چشم حور / تا بَرَد از چشمهٔ خورشید نور

سبزه بر آن چشمه وضو ساخته / شکر وضو کرده و پرداخته

مرغ ز گل بوی سلیمان شنید / نالهٔ داودی از آن برکشید

چنگل درّاج به خون تذرو / سلسله آویخته در پای سرو

محضر منشورنویسان باغ / فتوی بلبل شده بر خون زاغ

بوم کزآن بوم شده پیکرش / سَرّ دلش گشته قضای سرش

باد یمانی به سهیل نسیم / ساخته کیمخت زمین را اَدیم

لاله ز تعجیل که بشتافته / از تپش دل خفقان یافته

سایهٔ شمشاد شمایل‌پرست — سوی دل لاله فروبرده دست
ناخن سیمین سمن صبح‌فام — برده ز شب ناخنهٔ شب تمام
صبح که شد یوسف زرّین‌رسن — چاه‌کَنان در زنخ یاسمن
زردقصب خاک به رسم جهود — کآب چو موسی ید بیضا نمود
خاک به آن آب دوا ساخته — هرچه فروبرده برانداخته
نور سحر یافته میدان فراخ — سایه‌روی را به صبا داده شاخ
سایه گَزیده لب خورشید را — شانه زده باد سرِ بید را
سایه و نور از علم شاخسار — رقص‌کنان بر طَرَف جویبار
عود شد آن خار که مقصود بود — آتش گل مجمر آن عود بود
گردن گل منبر بلبل شده — زلف بنفشه کمر گل شده
مرغ ز داود خوش‌آوازتر — گل ز نظامی شکراندازتر

ثمرهٔ خلوت اوّل

باد نقاب از طرفی برگرفت — خواجه سبک عاشقی ازسرگرفت
گل نفسی دید شِکَرخنده‌ای — بر گل و شِکَّر نفس‌افکنده‌ای
فتنهٔ آن ماهِ قَصَب‌دوخته — خرمن مه را چو قصب سوخته
تا کمر از زلف، زره بافته — تا قدم از فرق، نمک یافته
دیدن او چون نمک‌انگیز شد — هر که در او دید نمک‌ریز شد
تا نمکش با شکر آمیخته — شِکَّر شیرین‌نمکان ریخته
طوطی باغ از شکرش شرمسار — چون سر طوطی زنخش طوقدار

زان زنخ گرد چو نارنج خَوش — غبغب سیمین چو ترنجی به کش
مست‌نوازی چو گل بوستان — توبه‌فریبی چو مُل دوستان
لب طبری‌وار طبرخون به دست — مغز طبرزد به طبرخون شکست
سرخ‌گلی سبزتر از نیشکر — خشک‌نباتی همه جُلّابِ تر
خال چو عودش که جگرسوز بود — غالیه‌سای صدف روز بود
از غم آن دانهٔ خال سیاه — جملهٔ تن خال شده روی ماه
جزع ز خورشید جگرسوزتر — لعل ز مهتاب شب‌افروزتر
از بنهٔ دل که به فرسنگ داشت — راه چو میدانِ دهن تنگ داشت
زان دل سختش که جگرخواره گشت — بر جگر من دل من پاره گشت
لب به سخن، خنده به شِکَّر خوری — رخ به دعا، غمزه به افسونگری
بسته چو حُقّه دهن مهره‌دار — راهگذر مانده یکی مهره‌وار
عشق چو آن حقه و آن مهره دید — بوالعجبی کرد و بساطی کشید
کیسهٔ صورت ز میانم گشاد — طوق تن از گردن جانم گشاد
کار من از طاقت من درگذشت — کآب حیاتم ز دهن برگذشت
عقلِ عزیمت‌گر ما دیو دید — نقرهٔ آن کار به آهن کشید
دل که به شادی غم دل می‌گرفت — چشمهٔ خورشید به گل می‌گرفت
مونس غمخواره غم وی بُوَد — چاره‌گر می زده هم می بُوَد
ای به تبش ناصیت از داغ من — بی‌خبر از سبزه و از باغ من
سبزه فلک بود و نظر تاب او — باغ سحر بود و سرشک آب او
وآن که رخش پردگی خاص بود — آینهٔ صورت اخلاص بود

بس که سرم بر سر زانو نشست / تا سر این رشته بیامد به دست
این سفر از راه یقین رفته‌ام / راه چنین رو که چنین رفته‌ام
محرم این ره تو نه‌ای زینهار / کار نظامی به نظامی گذار

خلوت دوم: در عشرت شبانه

خواجه یکی شب به تمنّای جنس / زد دو سه دم با دو سه ابنای جنس
یافت شبی چون سحر آراسته / خواسته‌های به دعا خواسته
مجلسی افروخته چون نوبهار / عشرتی آسوده‌تر از روزگار
آهِ بَخور از نفس روزنش / شرحدهِ یوسف و پیراهنش
شحنهٔ شب خون عَسَس ریخته / بر شکرش پَرِّ مگس ریخته
پرده‌شناسان به نوا در شگرف / پرده‌نشینان به وفا در شگرف
پای سهیل از سر نَطع اَدیم / لعل‌فشان بر سر دُرّ یتیم
شمع جگر چون جگر شمع سوخت / آتش دل چون دل آتش فروخت
در طَبَق مجمر مجلس‌فروز / عود شکرساز و شکر عودسوز
شیشه ز گلّاب شکر می‌فشاند / شمع به دستارچه زر می‌فشاند
از پی نُقلانِ می بوسه‌خیز / چشم و دهان، شِکَّر و بادامریز
شِکَّر و بادام به‌هم نکته‌ساز / زهره و مریخ به‌هم عشق‌باز
وعده به دروازهٔ گوش آمده / خنده به دریوزهٔ نوش آمده
نیفهٔ روبه چو پلنگی به زیر / نافهٔ آهو شده زنجیر شیر
ناز گریبان‌کش و دامن‌کشان / آستی از رقص جواهرفشان

مخزن الاسرار

شمع چو ساقی قدح می به دست / طشت می آلوده و پروانه مست
خواب چو پروانه پر انداخته / شمع به شکرانه سر انداخته
پردگی زهره در آن پرده چست / زخمه شکسته به ادای درست
خواب‌رباینده دماغ از دماغ / نورستاننده چراغ از چراغ
آنچه همه عمر کسی یافته / همنفسی در نفسی یافته
نُزل فرستنده زمان تا زمان / دل به دل و تن به تن و جان به جان
گفتی از آن حجره که پرداختند / رَخت عدم در عدم انداختند
مرغ طرب نامه به پر بازبست / هفت پر مرغ ثریا شکست
آتش مرغ سحر از بابزن / بر جگر خوش‌نمکان آب‌زن
مرغ، گران خواب‌تر از صبحگاه / پای فلک بسته‌تر از دست ماه
حلقهٔ در، پردهٔ بیگانگان / زلف پری حلقهٔ دیوانگان
در خَم آن حلقهٔ دل مشتری / تنگ‌تر از حلقهٔ انگشتری
تاختن آورده پری‌زادگان / همچو پری بر دل آزادگان
بر ره دل شاخ سمن کاشته / خار به نوک مژه برداشته
میوهٔ دل، نیشکر خَدِّشان / گلبن جان ناروِن قدّشان
فندقهٔ شِکَّر و بادام تنگ / سبز خط از پستهٔ عنّاب‌رنگ
در شب خط ساخته سحر حلال / بابِلی غمزه و هندوی خال
هر نفس از غمزه و خالی چنان / گشته جهان بابِل و هندوستان
چون نظری چند پسندیده رفت / دل به زیارتگریِ دیده رفت
غمزه زبان‌تیزتر از خارها / جهد گره‌گیرتر از کارها

شَستِ کرشمه چو کماندار شد	تیر نینداخته برکار شد
باد مسیح از نفس دل رمید	آب حیات از دهن گل چکید
گل چو سمن غالیه در گوش داشت	مه چو فلک غاشیه بر دوش داشت
چون رخ و لب، شِکَّر و بادام ریخت	گل به حمایت به شکر در گریخت
هر نظری جان جهانی شده	هر مژه بتخانهٔ جانی شده
زلف سیه بر سر سیم سپید	مشک‌فشان بر ورق مشک‌بید
غبغب سیمین که کمر بست از آب	قوس قزح شد ز تف آفتاب
زلف براهیم و رخ آتشگرش	چشم سماعیل و مژه خنجرش
آتش از این دستهٔ ریحان شده	خنجر از آن نرگس فتّان شده
بوسه چو می مایهٔ افکندگی	لب چو مسیحا نفس زندگی
خوی به رخ چون گل و نسرین شده	خرمن مه خوشهٔ پروین شده
باز شده کوی گریبان حور	خطِّ سحر یافته صغرای نور
همّت خاصان و دل عامیان	شیفته زان نور چو سرسامیان
غمزه منادی که دهان خسته بود	چشم سخن‌گو که زبان بسته بود
می چو گل آرایش اقلیم شد	جام چو نرگس زر در سیم شد
عقل در آن دایره سرمست ماند	عاقبت از صبر تهی‌دست ماند
در دهن از خنده که راهی نبود	طاقت را طاقت آهی نبود
صبر در آن پرده نوا تنگ داشت	فتنه سرِ زیر در آهنگ داشت
یافته در نغمهٔ داوودِ ساز	قصهٔ محمود و حدیث ایاز
شعر نظامی شکرافشان شده	ورد غزالانِ غزل‌خوان شده

ثمرهٔ خلوت دوم

عمر بر آن فرشِ ازل‌بافته — آنچه شده باز بَدَل یافته
گوش در آن نامه تحیّت‌رسان — دیده در آن سجده تحیّات‌خوان
تنگ‌دل از خندهٔ ترکان شکر — سرمه‌بر از چشم غزالان نظر
تُرک قصب‌پوش من آنجا چو ماه — کرده دلم را چو قصب رخنه‌گاه
مه که به شب دست برافشانده بود — آن شب تا روز فرومانده بود
ناوک غمزه‌اش چو سبک‌پر شدی — جان به زمین‌بوسه برابر شدی
شمع ز نورش مژه پر اشک داشت — چشم چراغ آبله از رشک داشت
هر ستمی که به جفا درگرفت — دل به تبرّک به وفا برگرفت
گه شده او سبزه و من جوی آب — گه شده من گازر و او آفتاب
زان رطب آن شب که بَری داشتم — بی‌خبرم گر خبری داشتم
کان مه نو کو کمر از نور داشت — ماه نو از شیفتگان دور داشت
شیفتهٔ شیفتهٔ خویش بود — رغبتی از من صد ازو بیش بود
دل به تمنا که چه بودی ز روز — گر شب ما را نشدی پرده‌سوز؟
امشب اگر جفت سلامت شدی — همنفس روز قیامت شدی
روشنیِ آن شبِ چون آفتاب — جویم بسیار و نبینم به خواب
جز به چنان شب طربم خوش نبود — تا شب‌خوش کرد، شبم خوش نبود
زان همه شب یارب یارب کنم — بو که شبی جلوهٔ آن شب کنم
روز سفید آن، نه شب داج بود — بود شب، اما شب معراج بود
ماه که بر لعل فلک کان کند — در غم آن شب همه شب جان کند

روز که شب‌دشمنی‌اش مذهب است / هم به تمنّای چنان یک شب است
من شده فارغ که ز راه سحر / تیغ‌زنان صبح درآمد ز در
آتش خورشید ز مژگان من / آب روان کرد بر ایوان من
ابر به باغ آمده بازی‌کنان / جامهٔ خورشید نمازی‌کنان
حوضهٔ این چشمه که خورشید بست / چون من و تو چند سبو را شکست
چرخ ستاره زده بر سیم ناب / زرّ طلی از ورق آفتاب
صبح گران‌خُسب سبک‌خیز شد / دشنه به دست از پی خون‌ریز شد
من ز مصافش سپر انداخته / جان سپر دشنهٔ او ساخته
در پی جانم سحر از جوی جَست / تشنه‌کُشی کرد و بر او پل شکست
بانگ برآمد ز خرابات من / کی سحر این است مکافات من
پیش‌تَرَک زین که کسی داشتم / شمع شب‌افروز بسی داشتم
آن شب و آن شمع نماندم چه سود / نیست چنان شد که تو گویی نبود
نیش در آن زن که ز تو نوش خورد / پشم در آن کش که تو را پنبه کرد
خام‌کُشی کن که صواب آن بود / سوختن سوخته آسان بود
صبح چو در گریهٔ من بنگریست / بر شفق از شفقت من خون گریست
سوخته شد خرمن روز از غمم / چشمهٔ خورشید فسرد از دمم
با همه زهرم فلک امّید داد / مار شبم مهرهٔ خورشید داد
چون اثر نور سحر یافتم / بی‌خبرم گر چه خبر یافتم
هر که درین مهد روان راه یافت / بیشتر از نورِ سحرگاه یافت
ای ز خجالت همه شب‌های تو / روسِیَه از روز طرب‌های تو

من که ازین شب صفتی کرده‌ام / آن صفت از معرفتی کرده‌ام
شب صفت پردهٔ تنهایی است / شمع در او گوهر بینایی است
عود و گلابی که بر او بسته شد / ناله و اشک دو سه دل‌خسته شد
وان‌همه خوبی که در آن صدر بود / نور خیالات شب قدر بود
محرم این پردهٔ زنگی‌نَوَرد / کیست در این پردهٔ زنگارخَورد
صبح که پروانگی آموخته‌ست / خوش‌تر ازان شمع نیفروخته‌ست
کوش کز آن شمع به داغی رسی / تا چو نظامی به چراغی رسی

مقالت اوّل: در آفرینش آدم

اوّل کاین عشق‌پرستی نبود / در عدم آوازهٔ هستی نبود
مُقبِلی از کَتم عدم ساز کرد / سوی وجود آمد و در باز کرد
بازپسین طفل پری‌زادگان / پیش‌ترین بَشَری‌زادگان
آن به خلافت علم آراسته / چون علم افتاده و برخاسته
«عَلَّمَ آدم» صفت پاک او / «خَمَّرَ طینَه» شرف خاک او
آن به گهر هم کدر و هم صَفی / هم محک و هم زر و هم صیرَفی
شاهد نوفتنهٔ افلاکیان / نوخطِ فردآینهٔ خاکیان
یارهٔ او ساعد جان را نگار / ساعدش از هفت فلک یاره‌دار
آن ز دو گهواره برانگیخته / مغز دو گوهر به‌هم آمیخته
پیشکش خلعت زندانیان / محتسب و ساقی روحانیان
سرحدِ خلقت شده بازار او / بکریِ قدرت شده در کار او
طفل چهل روزهٔ کژمژ زبان / پیر چهل ساله بر او درس‌خوان

خوب خطی عشق‌نبشت آمده   گلبنی از باغ بهشت آمده
نوری ازان دیده که بیناترست   مرغی ازان شاخ که بالاترست
زو شده مرغان فلک دانه‌چین   زان همه را آمده سر بر زمین
و او به یکی دانه ز راه کرم   حُلّه درانداخته و حِلیه هم
آمده در دام چنین دانه‌ای   کمتر از آوازهٔ شکرانه‌ای
زان به دعاها به وجود آمده   جملهٔ عالم به سجود آمده
بر در آن قبلهٔ هر دیده‌ای   سهو شده سجدهٔ شوریده‌ای
گشته گل‌افشانِ وی از هشت باغ   بر همه گلبرگ و بر ابلیس داغ
بی‌تو نشاطیش در اندام نی   در اِرَمش یک‌نفس آرام نی
طاقت آن کارکیایی نداشت   کز غم کار تو رهایی نداشت
گرمی گندم جگرش تافته   چون دل گندم به دو بشکافته
ز آرزوی ما که شده نو بر او   گندم خوردن به یکی جو بر او
او که چو گندم سروپایی نداشت   بی‌زمی و سنگ نوایی نداشت
تا نفکندند نرُست آن امید   تا نشکستند نشد رو سپید
گندمگون گشته اَدیمش چو کاه   یافته جودانه چو کیمخت ماه
چون جو و گندم شده خاک‌آزمای   در غم تو ای جوِ گندم‌نمای
خوردن آن گندم نامردمش   کرده برهنه چو دل گندمش
آن‌همه خواری که ز بدخواه برد   یکدلی گندمش از راه برد
گندم سخت از جگرافسردگی‌ست   خردی او مایه بی‌خردگی‌ست
مردم چون خوردن او ساز کرد   از سر تا پای دهن باز کرد

مخزن‌الاسرار

ای به تو سررشتهٔ جان گم شده
دام تو آن دانهٔ گندم شده

قرص جوین می‌شکن و می‌شکیب
تا نخوری گندم آدم‌فریب

پیک دلی، پیرو شیطان مباش
شیر امیری، سگ دربان مباش

چرک نشاید ز ادیم تو شُست
تا نکنی توبهٔ آدم نخست

عذر به آن را که خطایی رسید
کآدم از آن عذر به جایی رسید

چون ز پی دانه هوسناک شد
مُقطِع این مزرعهٔ خاک شد

دید که در دانه طمع خام کرد
خویشتن افکندهٔ این دام کرد

آب رساند این گل پژمرده را
زد به سراندیب سراپرده را

روسِیَه از این گنه آنجا گریخت
بر سر آن خاک، سیاهی بریخت

مدتی از نیل خُم آسمان
نیلگری کرد به هندوستان

چون کَفَش از نیل فلک شسته شد
نیل‌گیا در قدمش رسته شد

ترک ختایی شده یعنی چو ماه
زلف خطا برزده زیر کلاه

چون دلش از توبه لطافت گرفت
ملک زمین را به خلافت گرفت

تخم وفا در زمیِ عدل کِشت
وقفِ آن مزرعه بر ما نوشت

هرچه بدو خازن فردوس داد
جمله در این حجرهٔ شش‌در نهاد

برخور ازین مایه که سودش تو راست
کِشتنش او را و درودش تو راست

نالهٔ عود از نفس مجمر است
رنج خر از راحت پالانگر است

کار تو را بی‌تو چو پرداختند
نامزد لطف تو را ساختند

کشتی گل باش به موج بهار
تا نشوی لنگر بستان چو خار

راه‌به‌دل شو چو بدیدی خزان
کآب‌به‌دل می‌شود آتش‌به‌جان

صورت شیری، دل شیریت نیست — گرچه دلت هست، دلیریت نیست
شیر توان بست ز نقش سرای — لیک به صد چوب نجنبد ز جای
خلعت افلاک نمی‌زیبدت — خاکی و جز خاک نمی‌زیبدت
طالع کارت به زبونی در است — دل به کمی، غم به فزونی در است
ورنه چرا کرد سپهر بلند — شهرگشایی چو تو را شهربند
دایره‌کردار میان‌بسته باش — در فلکی با فلک آهسته باش
تیزتکی پیشهٔ آتش بود — بازنَمانی ز تک، آن خَوش بود
آب‌صفت باش و سبک‌تر بران — کابِ سبک هست به قیمت گران
گوهر تن در تُنُکی یافتند — قیمت جان در سبکی یافتند
بادِ سبک‌روح بود در طواف — خود تو گران‌جان‌تری از کوه قاف
گرنه فریبندهٔ رنگی چو خار — رخ چو بنفشه به سوی خود مدار
خانه مُصَقّل همه‌جا روی توست — از پی آن دیدهٔ تو سوی توست
گرچه پذیرندهٔ هر حد شدی — از همه چون هیچ مجرّد شدی
عاشق خویشی تو و صورت‌پرست — زان چو سپهر آینه داری به دست
گر جوسنگی نمگ خود چشی — دامن از این بی‌نمکی درکشی
ظلم رها کن، به وفا درگریز — خلق چه باشد؟ به خدا درگریز
نیکی او بین و بر آن کار کن — بر بدی خویشتن اقرار کن
چون تو خجل‌وار برآری نفس — فضل کند رحمت فریادرس

داستان پادشاه نومید و آمرزش یافتن او

دادگری دید به رای صواب — صورت بیدادگری را به خواب

گفت خدا با توِ ظالم چه کرد؟ / در شبت از روزِ مظالم چه کرد؟
گفت چو بر من به سر آمد حیات / در نِگَریدم به همه کائنات
تا به من امید هدایت که راست؟ / یا به خدا چشم عنایت که راست؟
در دل کس شفقتی از من نبود / هیچ‌کسی را به کرم ظن نبود
لرزه درافتاد به من بر چو بید / روی خجل گشته و دل ناامید
طرح به غرقاب درانداختم / تکیه به آمرزش حق ساختم
کی من مسکین به تو در شرمسار / از خجلان درگذر و درگذار
گرچه ز فرمان تو بگذشته‌ام / رد مکنم کز همه رد گشته‌ام
یا ادب من به شراری بکن / یا به خلاف همه کاری بکن
چون خجلم دید ز یاری‌رسان / یاری من کرد کس بی‌کسان
فیض کرم را سخنم درگرفت / یار من افکند و مرا برگرفت
هر نفسی کآن به ندامت بود / شِحنهٔ غوغای قیامت بود
جمله نفس‌های تو ای بادسنج / کِیل زیان است و ترازوی رنج
کیلِ زیان سال و مَهَت بوده گیر / این مه و این سال بپیموده گیر
مانده ترازوی تو بی‌سنگ و دُر / کیل تهی گشته و پیمانه پر
سنگ زمی سنگ ترازو مکن / مهرهٔ گِل مهرهٔ بازو مکن
یک درم است آنچه بدو بنده‌ای / یک نفس است آنچه بدو زنده‌ای
هرچه در این پرده ستانی بده / خود مَسِتان تا بتوانی بده
تا بود آن روز که باشد بهی / گردنت آزاد و دهانت تهی
وام یتیمان نَبُوَد دامنت / بارکش پیره‌زنان گردنت

باز هِل این فرش کهن‌پوده را
طرح کن این دامن آلوده را

یا چو غریبان پی ره توشه گیر
یا چو نظامی ز جهان گوشه گیر

مقالت دوم: در عدل و نگه‌داری انصاف

ای ملک جانوران رای تو
وی گهر تاجوران پای تو

گر ملکی، خانهٔ شاهی طلب
ور گهری، تاج الهی طلب

زان سوی عالم که دگر راه نیست
جز من و تو هیچ‌کس آگاه نیست

زان ازلی نور که پرورده‌اند
در تو زیادت نظری کرده‌اند

نقد غریبی و جهان شهر توست
نقد جهان یک‌به‌یک از بهرِ توست

ملک بدین کارکیایی تو راست
سینه کن این سینه‌گشایی تو راست

دور تو از دایره بیرون‌تر است
از دو جهان قدر تو افزون‌تر است

آینه‌دار از پی آن شد سحر
تا تو رخ خویش ببینی مگر

جنبش این مهد که محراب توست
طفل‌صفت از پی خوش‌خواب توست

مرغ دل و عیسی جان هم تویی
چون تو کسی گر بود آن‌هم تویی

سینهٔ خورشید که پر آتش است
روی تو می‌بیند از آن دلخوش است

مه که شود کاسته چون موی تو
خنده زند چون نگرد روی تو

عالم خوش‌خور که ز کس کم نه‌ای
غصّه مخور بندهٔ عالم نه‌ای

با همه چون خاک زمین پست باش
وز همه چون باد تهی‌دست باش

خاک تهی به، نه درآمیخته
گَرد بود خاکِ برانگیخته

دل به خدا بَر نِه و خرسندی‌ای
اینت جداگانه خداوندی‌ای

گو خبر دین و دیانت کجاست / ما به کجاییم و امانت کجاست
آن دل کز دین اثرش داده‌اند / زان سوی عالم خبرش داده‌اند
چارهٔ دین ساز که دنیات هست / تا مگر آن نیز بیاری به دست
دین چو به دنیا بتوانی خرید / کن مکن دیو نباید شنید
می‌رود از جوهر این کهربا / هر جوسنگی به منی کیمیا
سنگ بینداز و گهر می‌سِتان / خاک زمین می‌ده و زر می‌سِتان
آن که تو را توشهٔ ره می‌دهد / از تو یکی خواهد و ده می‌دهد
بهتر از این مایَستانیت نیست / سود کن آخر که زیانیت نیست
کار تو پروردن دین کرده‌اند / دادگران کار چنین کرده‌اند
دادگری مصلحت‌اندیشه‌ای‌ست / رَستن از این قوم مهین‌پیشه‌ای‌ست
شهر و سپه را چو شوی نیک‌خواه / نیک تو خواهد همه شهر و سپاه
خانه‌برِ ملک ستمکاری است / دولت باقی ز کم‌آزاری است
عاقبتی هست بیا پیش از آن / کردهٔ خود بین و بیندیش از آن
راحت مردم طلب، آزار چیست؟ / جز خجلی حاصل این کار چیست؟
مست شده عقل به خوش‌خواب در / کشتی تدبیر به غرقاب در
ملک ضعیفان به کف آورده گیر / مال یتیمان به ستم خورده گیر
روز قیامت که بُوَد داوری / شرم نداری که چه عذر آوری؟
روی به دین کن که قوی‌پشتی است / پشت به خورشید که زردشتی است
لُعبت زرنیخ شد این گوی زرد / چون زن حایض پی لعبت مگرد
هرچه در این پردهٔ نُه میخی است / بازی این لعبت زَرنیخی است

باد در او دم چو مسیح از دماغ | بازرَهان روغن خود زین چراغ
چند چو پروانه پر انداختن | پیش چراغی سپر انداختن
پاره کن این پردهٔ عیسی‌گرای | تا پر عیسیت بروید ز پای
هر که چو عیسی رگ جان را گرفت | از سر انصاف جهان را گرفت
رسم ستم نیست جهان یافتن | ملک به انصاف توان یافتن
هرچه نه عدل است، چه دادت دهد؟ | وآنچه نه انصاف، به بادت دهد
عدل بَشیریست خِرَدشادکن | کارگری مملکت‌آبادکن
مملکت از عدل شود پایدار | کار تو از عدل تو گیرد قرار

حکایت نوشیروان با وزیر خود

صیدکنان مرکب نوشیروان | دور شد از کوکبهٔ خسروان
مونس خسرو شده دستور و بس | خسرو و دستور و دگر هیچکس
شاه در آن ناحیت صیدیاب | دید دهی چون دل دشمن خراب
تنگ دو مرغ آمده در یکدِگَر | وز دل شه قافیه‌شان تنگ‌تر
گفت به دستور چه دم می‌زنند؟ | چیست صفیری که به هم می‌زنند؟
گفت وزیر ای ملک روزگار | گویم اگر شه بوَد آموزگار
این دو نوا نَز پیِ رامشگری‌ست | خطبه‌ای از بهرِ زناشوهری‌ست
دختری این مرغ بدان مرغ داد | شیربها خواهد از او بامداد
کاین ده ویران بگذاری به ما | نیز چنین چند سپاری به ما
آن دگرش گفت کزین درگذر | جور ملک بین و برو غم مخور

گر ملک این است، نه بس روزگار — زین ده ویران دهمت صدهزار
در ملک این لفظ چنان درگرفت — کاه برآورد و فغان برگرفت
دست به سر برزد و لَختی گریست — حاصل بیداد به‌جز گریه چیست؟
زین ستم انگشت به دندان گَزید — گفت ستم بین که به مرغان رسید
جور نگر کز جهت خاکیان — جغد نشانم بَدَل ماکیان
ای منِ غافل شده دنیاپرست — بس که زنم بر سر ازین کار دست
مال کسان چند ستانم به زور؟ — غافلم از مردن و فردای گور
تا کی و کی دست‌درازی کنم؟ — با سر خود بین که چه بازی کنم
ملک بدان داد مرا کردگار — تا نکنم آنچه نیاید به کار
من که مسم را به زر اندوده‌اند — می‌کنم آنها که نفرموده‌اند
نام خود از ظلم چرا بد کنم؟ — ظلم کنم، وای که بر خود کنم
بهتر از این در دلم آزرم باد — یا ز خدا یا ز خودم شرم باد
ظلم شد امروز تماشای من — وای به رسوایی فردای من
سوختنی شد تن بی‌حاصلم — سوزد از این غصّه دلم بر دلم
چند غبار ستم انگیختن؟ — آب خود و خون کسان ریختن؟
روز قیامت ز من این ترکتاز — بازبپرسند و بپرسند باز
شرمزده‌ام، چون ننشینم خجل؟ — سنگ‌دلم، چون نشوم تنگ‌دل؟
بنگر تا چند ملامت برم — کاین خجلی را به قیامت برم؟
بار من است آنچه مرا بارگی‌ست — چارهٔ من بر من بیچارگی‌ست
زین گهر و گنج که نتوان شمرد — سام چه برداشت؟ فریدون چه بُرد؟

تا من ازین امر و ولایت که هست
عاقبت‌الامر چه دارم به دست؟

شاه در آن باره چنان گرم گشت
کز نفسش نعل فَرَس نرم گشت

چون که به لشکرگه و رایت رسید
بوی نوازش به ولایت رسید

حالی از آن خطّه قلم برگرفت
رسم بدو راه ستم برگرفت

داد بگسترد و ستم درنبشت
تا نفسِ آخر از آن برنگشت

بعد بسی گردش بخت‌آزمای
او شده وآوازهٔ عدلش به‌جای

یافته در خطّهٔ صاحبدلی
سکّهٔ نامش رقم عادلی

عاقبتی نیک سرانجام یافت
هر که دَرِ عدل زد، این نام یافت

عمر به خشنودی دل‌ها گذار
تا ز تو خشنود بود کردگار

سایهٔ خورشیدسواران طلب
رنج خود و راحت یاران طلب

دردستانی کن و درماندهی
تات رسانند به فرماندهی

گرم شو از مهر و ز کین سرد باش
چون مه و خورشید جوانمرد باش

هر که به نیکی عمل آغاز کرد
نیکی او روی بدو بازکرد

گنبد گردنده ز روی قیاس
هست به نیکی و بدی حق‌شناس

طاعت کن، روی بتاب از گناه
تا نشوی چون خجلان عذرخواه

حاصل دنیا چو یکی ساعت است
طاعت کن، کز همه بِه طاعت است

عذر میاور، نه حیَل خواستند
این سخن است، از تو عمل خواستند

گر به سخن کار میسّر شدی
کار نظامی به فلک بر شدی

مقالت سوم: در حوادث عالم

یک نفس ای خواجهٔ دامن‌کشان
آستنی بر همه عالم فشان

رنج مشو، راحت رنجور باش
ساعتی از محتشمی دور باش

حکم چو بر عاقبت‌اندیشی است
محتشمی بندهٔ درویشی است

ملک سلیمان مطلب کان کجاست
ملک همان است، سلیمان کجاست؟

حجله همان است که عَذراش بست
بزم همان است که وامِق نشست

حجله و بزم اینک تنها شده
وامق افتاده و عذرا شده

سال جهان گرچه بسی درگذشت
از سر مویش سر مویی نگشت

خاک همان خصم قوی‌گردن است
چرخ همان ظالم گردن‌زن است

صحبت گیتی که تمنّا کند
با که وفا کرد که با ما کند؟

خاک شد آن‌کس که برین خاک زیست
خاک چه داند که درین خاک چیست؟

هر ورقی چهرهٔ آزاده‌ای‌ست
هر قدمی فرق ملک‌زاده‌ای‌ست

ما که جوانی به جهان داده‌ایم
پیر چرائیم، کزو زاده‌ایم؟

سام که سیمرغ پسرگیر داشت
بود جوان، گرچه پسر پیر داشت

گنبد پوینده که پاینده نیست
جز به خلاف تو گراینده نیست

گه مَلِک جانورانت کُنَد
گاه گلِ کوزه‌گرانت کُنَد

هست بر این فرش دورنگ‌آمده
هر کسی از کار به تنگ آمده

گفته گروهی که به صحرا درند
کای خُنُک آنان که به دریا درند

وآن که به دریا در سختی کش است
نعل در آتش که بیابان خوش است

آدمی از حادثه بی‌غم نی‌اند
بر تر و بر خشک مسلّم نی‌اند

فرض شد این قافله برداشتن — زین بُنِه بگذشتن و بگذاشتن
هر که در این حلقه فرومانده است — شهربرون‌کرده و دِه‌رانده است
راهرُوی را که امان می‌دهند — در عدم از دور نشان می‌دهند
مُلک رها کن که غرورت دهد — ظلمت این سایه چه نورت دهد؟
عمر به بازیچه به سر می‌بری — بازی از اندازه به در می‌بری
گردش این گنبدِ بازیچه‌رنگ — نَز پی بازیچه گرفت این درنگ
پیش‌تر از مرتبهٔ عاقلی — غفلت خوش بود، خوشا غافلی
چون نظر عقل به غایت رسید — دولت شادی به نهایت رسید
غافل بودن نه ز فرزانگی‌ست — غافلی از جملهٔ دیوانگی‌ست
غافل منشین، ورقی می‌خراش — گر ننویسی قلمی می‌تراش
سر مکش از صحبت روشندلان — دست مدار از کمر مُقبِلان
خار که همصحبتی گل کند — غالیه در دامن سنبل کند
روز قیامت که برات آورند — بادیه را در عرصات آورند
کای جگرآلودِ زبان‌بستگان — آب جگر خوردهٔ دل‌خستگان
ریگ تو را آب حیات از کجا؟ — بادیه و فیض فرات از کجا؟
ریگ زند ناله که خون خورده‌ام — ریگ مریزید، نه خون کرده‌ام
بر سر خوانی نمکی ریختم — با جگری چند برآمیختم
تا چو هم‌آغوش غیوران شوم — محرم دستینهٔ حوران شوم
حکم چو بر حکمِ سرشتش کنند — مطربِ خلخالِ بهشتش کنند
هر که کند صحبت نیک اختیار — آید، روزیش ضرورت به کار

صحبت نیکان ز جهان دور گشت — خوانِ عسل خانهٔ زنبور گشت
دور نگر کز سر نامردمی — بر حذر است آدمی از آدمی
معرفت از آدمیان برده‌اند — وآدمیان را ز میان برده‌اند
چون فلک از عهد سلیمان بری‌ست — آدمی آن است که اکنون پری‌ست
با نفس هر که درآمیختم — مصلحت آن بود که بگریختم
سایهٔ کس فَرِّ همایی نداشت — صحبت کس بوی وفایی نداشت
تخم ادب چیست؟ وفا کاشتن — حق وفا چیست؟ نگه داشتن
برزگر آن دانه که می‌پرورد — آید روزی که ازو بر خورد

حکایت سلیمان با دهقان

روزی از آنجا که فراغی رسید — باد سلیمان به چراغی رسید
مملکتش رخت به صحرا نهاد — تخت بر این تختهٔ مینا نهاد
دید به نوعی که دلش پاره گشت — برزگری پیر در آن ساده دشت
خانه ز مشتی غَله پرداخته — در غله‌دان کَرَم انداخته
دانه‌فشان گشته به هر گوشه‌ای — رُسته ز هر دانهٔ او خوشه‌ای
پردهٔ آن دانه که دهقان گشاد — منطق مرغان ز سلیمان گشاد
گفت جوانمرد شو ای پیرمرد — کاین قَدَرَت بود، ببایست خَورد
دام نه‌ای، دانه‌فشانی مکن — با چو منی مرغ‌زبانی مکن
بیل نداری، گِل صحرا مخار — آب نیابی، جوِ دهقان مکار
ما که به سیراب‌زمین کاشتیم — زانچه بِکِشتیم چه برداشتیم؟

تا تو درین مزرعهٔ دانه‌سوز	تشنه و بی‌آب چه آری بُروز؟
پیر بدو گفت مرنج از جواب	فارغم از پرورش خاک و آب
با تر و با خشک مرا نیست کار	دانه ز من، پرورش از کردگار
آب من اینک عرق پشت من	بیل من اینک سرِ انگشت من
نیست غم ملک و ولایت مرا	تا منم، این دانه کفایت مرا
آن که بشارت به خودم می‌دهد	دانه یکی هفت‌صدَم می‌دهد
دانه به انبازی شیطان مکار	تا ز یکی هفتصد آید به بار
دانهٔ شایسته بباید نخست	تا گره خوشه گشاید درست
هر نظری را که برافروختند	جامه به اندازهٔ تن دوختند
رخت مسیحا نکشد هر خری	محرم دولت نبود هر سری
کرگدنی گردن پیلی خورد	مور ز پای ملخی نگذرد
بحر به صد رود شد آرام‌گیر	جوی به یک سیل برآرد نفیر
هست در این دایرهٔ لاجورد	مرتبهٔ مرد به مقدار مرد
دولتی‌ای باید صاحب‌درنگ	کز قَدَری ناز نیاید به تنگ
هر نفسی حوصلهٔ ناز نیست	هر شکمی حاملهٔ راز نیست
ناز نگویم که ز خامی بود	نازکشی کار نظامی بود

مقالت چهارم: در رعایت از رعیّت

ای سپرافکنده ز مردانگی	غول تو بیغولهٔ بیگانگی
غِرّه به ملکی که وفایش نیست	زنده به عمری که بقایش نیست

پی‌سپر جرعهٔ می‌خوارگان — دستخوش بازی سیارگان
مُصحَف و شمشیر بینداخته — جام و صُراحی عوضش ساخته
آینه و شانه گرفته به دست — چون زن رعنا شده گیسوپرست
رابعه با رابعِ آن هفت مرد — گیسوی خود را بنگر تا چه کرد
ای هنر از مردی تو شرمسار — از هنر بیوه‌زنی شرم دار
چند کنی دعوی مردافکنی — کم زن و کم زن که کم از یک زنی
گردن عقل از هنر آزاد نیست — هیچ هنر خوبتر از داد نیست
تازه شد این آب و نه در جوی توست — نغز شد این خال و نه بر روی توست
چرخ نه‌ای، محضر نیکی پسند — نیک دراندیش ز چرخ بلند
جز گهر نیک نباید نمود — سود توان کرد بدین مایه سود
نیست مبارک ستم انگیختن — آب خود و خون کسان ریختن
رفت بسی دعوی از این پیش‌تر — تا دو سه همّت بهم آید مگر
داد کن، از همّت مردم بترس — نیمشب از تیر تَظَلُّم بترس
همت از آنجا که نظرها کند — خوار مدارش که اثرها کند
همتِ آلودهٔ آن یک دو مرد — با تن محمود ببین تا چه کرد
همت چندین نفس بی‌غبار — با تو ببین تا چه کند روزکار
راهروانی که ملائک پی‌اند — در ره کشف از کَشَفی کم نِی‌اند
تیغ ستم دور کن از راهشان — تا نخوری تیر سحرگاهشان
دادگری شرط جهانداری است — شرط جهان بین که ستمکاری است
هر که در این خانه شبی داد کرد — خانهٔ فردای خود آباد کرد

داستان پیرزن با سلطان سنجر

پیرزنی را ستمی درگرفت / دست زد و دامن سنجر گرفت
کای ملک آزرم تو کم دیده‌ام / وز تو همه‌ساله ستم دیده‌ام
شحنهٔ مست آمده در کوی من / زد لگدی چند فرا روی من
بی‌گنه از خانه برونم کشید / موی‌کشان بر سر کویم کشید
در ستم‌آبادِ زبانم نهاد / مُهرِ ستم بر درِ خانَم نهاد
گفت فلان نیمشب ای کوژپشت / بر سر کوی تو فلان را که کُشت؟
خانهٔ من جست که خونی کجاست؟ / ای شه، ازین بیش زبونی کجاست؟
شحنه بوَد مست که آن خون کند / عربده با پیرزنی چون کند؟
رطل‌زنان دخل ولایت بَرَند / پیره‌زنان را به جنایت بَرَند
آن که درین ظلم نظر داشته‌ست / سِتر من و عدل تو برداشته‌ست
کوفته شد سینهٔ مجروح من / هیچ نماند از من و از روح من
گر ندهی داد من ای شهریار / با تو رَوَد روزِ شمار، این شمار
داوری و داد نمی‌بینمت / وز ستم آزاد نمی‌بینمت
از ملکان قوّت و یاری رسد / از تو به ما بین که چه خواری رسد
مال یتیمان ستدن ساز نیست / بگذر ازین، غارت ابخاز نیست
بر پَلهٔ پیره‌زنان ره مزن / شرم بدار از پَلهٔ پیره‌زن
بنده‌ای و دعوی شاهی کنی / شاه نه‌ای چون که تباهی کنی
شاه که ترتیب ولایت کند / حکم رعیت به رعایت کند
تا همه سر بر خط فرمان نهند / دوستی‌اش در دل و در جان نهند

مخزن الاسرار

عالم را زیر و زبر کرده‌ای / تا تویی آخر چه هنر کرده‌ای؟

دولت ترکان که بلندی گرفت / مملکت از دادپسندی گرفت

چون که تو بیدادگری پروری / ترک نه‌ای، هندوی غارتگری

مسکن شهری ز تو ویرانه شد / خرمن دهقان ز تو بی‌دانه شد

زآمدن مرگ شماری بکن / می‌رسدت دست، حصاری بکن

عدل تو قندیل شب‌افروز توست / مونس فردای تو امروز توست

پیرزنان را به سخن شاد دار / و این سخن از پیرزنی یاد دار

دست بدار از سر بیچارگان / تا نخوری پاسخ غمخوارگان

چند زنی تیر به هر گوشه‌ای / غافلی از توشهٔ بی‌توشه‌ای

فتح جهان را تو کلید آمدی / نَز پی بیداد پدید آمدی

شاه بدانی که جفا کم کنی / گرد گران ریش، تو مرهم کنی

رسم ضعیفان به تو نازش بوَد / رسم تو باید که نوازش بوَد

گوش به دریوزهٔ انفاس دار / گوشه‌نشینی دو سه را پاس دار

سنجر، کاقلیم خراسان گرفت / کرد زیان کاین سخن آسان گرفت

داد در این دور برانداخته‌ست / در پر سیمرغ وطن ساخته‌ست

شرم درین طارَم ازرق نماند / آب درین خاک معلّق نماند

خیز نظامی، ز حد افزون گِری / بر دل خوناب‌شده خون گِری

مقالت پنجم: در وصف پیری

روز خوش عمر به شب‌خوش رسید / خاک به باد، آب به آتش رسید
صبح برآمد، چه شَوی مستِ خواب؟ / کز سر دیوار گذشت آفتاب
بگذر از این پی که جهانگیری است / حکم جوانی مکن این پیری است
خشک شد آن دل که ز غم ریش بود / کان نمکش نیست کزین پیش بود
شیفته شد عقل و تبه گشت رای / آبله شد دست و زَمِن گشت پای
با تو زمین را سر بخشایش است / پای فروکش، گَهِ آسایش است
نیست درین پاکی و آلودگی / خوش‌تر از آسودگی، آسودگی
چشمهٔ مهتابِ تو سردی گرفت / لالهٔ سیرابِ تو زردی گرفت
موی به مویت، ز حبش تا طراز / تازی و ترک آمده در ترکتاز
پیر دومویی که شب و روز توست / روز جوانی ادب‌آموز توست
کز تو جوان‌تر به جهان چند بود / خود نشود پیر درین بند بود
پرّهٔ گل باد خزانیش برد / آمد پیریّ و جوانیش برد
عیب جوانی نپذیرفته‌اند / پیری و صد عیب، چنین گفته‌اند
دولت اگر دولت جمشیدی است / موی سپید آیت نومیدی است
موی سپید از اجل آرد پیام / پشت خم از مرگ رساند سلام
ملک جوانیّ و نکویی که راست؟ / نیست مرا یارب، گویی که راست؟
رفت جوانی به تَغافُل به سر / جای دریغ است، دریغی بخَور
گمشدهٔ هر که چو یوسف بُوَد / گم شدنش جای تأسّف بُوَد
فارغی از قدرِ جوانی که چیست / تا نشوی پیر، ندانی که چیست

شاهد باغ است درخت جوان
پیر شود بشکندش باغبان

گرچه جوانی همه خود آتش است
پیری تلخ است و جوانی خوش است

شاخِ تر از بهرِ گل نوبر است
هیزمِ خشک از پیِ خاکستر است

موی سیه غالیهٔ سر بُوَد
سنگ سیه صیرَفی زر بُوَد

عهد جوانی به سر آمد، مَخُسب
شب شد و اینک سحر آمد، مَخُسب

آتش طبع تو چو کافور خَورد
مشک تو را طبع چو کافور کرد

چون که هوا سرد شود یک دو ماه
برف سپید آوَرَد ابر سیاه

گازری از رنگرزی دور نیست
کلبهٔ خورشید و مسیحا یکی است

گازرکاری صفت آب شد
رنگرزی پیشهٔ مهتاب شد

رنگ‌خر است این کرهٔ لاجورد
عیسی ازان رنگرزی پیشه کرد

تا پی ازین زنگی و رومی تو راست
داغ جَهولی و ظَلومی تو راست

در کمر کوه ز خوی دورنگ
پشت بریده‌ست میان پلنگ

تا چو عروسانِ درخت از قیاس
گاه قصب پوشی و گاهی پلاس

داری از این خوی مخالف بسیچ
گرمی و صد جبّه و سردیّ و هیچ

آن خور و آن پوش چو شیر و پلنگ
کآوری آن را همه‌ساله به چنگ

تا شکمی نان و دمی آب هست
کفچه مکن بر سر هر کاسه دست

نان اگر آتش ننشاند ز تو
آب و گیا را که ستاند ز تو

زآنکه زنی نان کسان را صلا
بِه که خوری چون خر عیسی گیا

آتش این خاک خم بادگرد
نان ندهد تا نبرد آبِ مرد

گرنه درین دخمهٔ زندانیان
بی‌تبش است آتش روحانیان

گرگ‌دمی یوسف جانش چراست؟ / شیردلی گربهٔ خوانش چراست؟
از پی مشتی جو گندم‌نمای / دانهٔ دل چون جو و گندم مَسای
نان‌خورش از سینهٔ خود کن چو آب / وز دل خود ساز چو آتش کباب
خاک خور و نان بخیلان مخور / خاک نه‌ای زخم ذلیلان مخور
بر دل و دستت همه خاری بزن / تن مزن و دست به کاری بزن
به که به کاری بکنی دستخوش / تا نشوی پیش کسان دستکش

داستان پیر خشت‌زن

در طرف شام یکی پیر بود / چون پری از خلق طرف‌گیر بود
پیرهن خود ز گیا بافتی / خشت زدی، روزی از آن یافتی
تیغ‌زنان چون سپر انداختند / در لَحَد آن خشت سپر ساختند
هرکه جز آن خشت نقابش نبود / گرچه گنه بود، عذابش نبود
پیر یکی روز در این کار و بار / کارفزایش درافزود کار
آمد از آنجا که قضا ساز کرد / خوب‌جوانی سخن آغاز کرد
کاین چه زبونی و چه افکندگی‌ست / کاه و گل، این پیشهٔ خربندگی‌ست
خیز و مزن بر سپر خاک، تیغ / کز تو ندارند یکی نان دریغ
قالب این خشت در آتش فکن / خشت نو از قالب دیگر بزن
چند کلوخی به تکلّف کنی؟ / در گل و آبی چه تصرّف کنی؟
خویشتن از جملهٔ پیران شمار / کار جوانان به جوانان گذار
پیر بدو گفت جوانی مکن / درگذر از کار و گرانی مکن

خشت زدن پیشهٔ پیران بود
بارکشی کار اسیران بود

دست بدین پیشه کشیدم که هست
تا نکشم پیش تو یک روز دست

دستکش کس نی‌ام از بهرِ گنج
دستکشی می‌خورم از دسترنج

از پی این رزق وبالم مکن
گر نه چنین است حلالم مکن

با سخن پیر ملامتگرش
گریان‌گریان بگذشت از بَرَش

پیر بدین وصف جهاندیده بود
کز پی این کار پسندیده بود

چند نظامی درِ دنیی زنی؟
خیز و درِ دین زن، اگر می‌زنی

مقالت ششم: در اعتبار موجودات

لعبت‌بازی پس این پرده هست
گرنه بر او این همه لعبت که بست؟

دیدهٔ دل محرم این پرده ساز
تا چه برون آید از این پرده راز

در پس این پردهٔ زنگارگون
عاریتانند ز غایت برون

گوهر چشم از ادب افروخته
بر کمرِ خدمتِ دل دوخته

هیچ در این نقطهٔ پرگار نیست
کز خط این دایره بر کار نیست

این دو سه مرکب که به زین کرده‌اند
از پی ما دستگزین کرده‌اند

پیش‌تر از جنبش این تازگان
نوسفران و کهن‌آوازگان

پایگه عشق نه ما کرده‌ایم؟
دستکش عشق نه ما خورده‌ایم؟

در دو جهان عیب و هنر بسته‌اند
هر دو به فتراک تو بربسته‌اند

نیست جهان را چو تو همخانه‌ای
مرغ زمین را ز تو به دانه‌ای

بگذر از این مرغِ طبیعت‌خراش
بر سر این مرغ، چو سیمرغ باش

مرغ قفس پر که مسیحای توست | زیر تو پر دارد و بالای توست
یا ز قفس چنگل او کن جدا | یا قفس خویش بدو کن رها
تا بُنه چون سوی ولایت برد | در پر خویشت به حمایت برد
چون گذری زین دو سه دهلیز خاک | لوح تو را از تو بشویند پاک
ختم سپیدی و سیاهی شوی | محرم اسرار الهی شوی
سهل شوی بر قدم انبیا | اهل شوی در حرم کبریا
راه دو عالم که دو منزل شده‌ست | نیم رهِ یک نفسِ دل شده‌ست
آن که اساس تو بر این گل نهاد | کعبهٔ جان در حرم دل نهاد
نقش قبول از دل روشن پذیر | گرد گلیم سیه تن مگیر
سرمه‌کش دیدهٔ نرگس صباست | رنگرز جامهٔ مس کیمیاست
تن چه بوَد؟ ریزش مشتی گِل است | هم دل و هم دل که سخن با دل است
بندهٔ دل باش که سلطان شوی | خواجهٔ عقل و ملک جان شوی
نرمی دل می‌طلبی نیفه‌وار | نافه‌صفت تن به درشتی سپار
ای که تو را به ز خشن‌جامه نیست | حکم بر ابریشم بادامه نیست
خوبی آهو ز خشن‌پوستی‌ست | رقّش از آن نامزد دوستی‌ست
مشک بوَد در خشن آرامگیر | گردد پرکنده چو پوشد حریر
گر شکری، با نفس تنگ ساز | ور گهری با صدف سنگ ساز
گاه چو شب نعلِ سحرگاه باش | گه چو سحر زخمه‌گهِ آه باش
بار عنا کش به شب قیرگون | هرچه عنا بیش، عنایت فزون
زاهل وفا هر که به جایی رسید | بیشتر از راه عنایی رسید

نُزل بلا عافیت انبیاست	وآنچه تو را عافیت آید بلاست
زخم بلا مرهم خودبینی است	تلخیِ می، مایهٔ شیرینی است
حارسیِ اژدرها گنج راست	خازنیِ راحت‌ها رنج راست
سرو شو، از بند خود آزاد باش	شمع شو، از خوردن خود شاد باش
رنج ز فریاد، بری ساحت است	در عقب رنج بسی راحت است
چرخ نبندد گرهی بر سرت	تا نگشاید گرهی دیگرت
در سفری کان ره آزادی است	شحنهٔ غم پیشرو شادی است

داستان سگ و صیّاد و روباه

صیدگری بود عجب تیزبین	بادیه‌پیمای و مراحل‌گزین
شیرسگی داشت که چون پو گرفت	سایهٔ خورشید بر آهو گرفت
سهمزده کرگدن از گردنش	گور ز دندان گوزن‌افکنش
در سفرش مونس و یار آمده	چند شبان‌روز به کار آمده
بود دل مهرفروزش بدو	پاسِ شب و روزیِ روزش بدو
گشت گُم آن شیرسگ از شیرمرد	مَرد بر آن دل که جگر گربه خورد
گفت در این ره که میانجی قضاست	پای سگی را سرِ شیری بهاست
گرچه در آن غم دلش از جان گرفت	هم جگر خویش به دندان گرفت
صابری‌ای کان نه به او بود کرد	هر جوِ صبرش درمی سود کرد
طنزکنان روبهی آمد ز دور	گفت صبوری مکن ای ناصبور
می‌شنوم کان به هنر تک نماند	باد بقای تو گر آن سگ نماند

دی که ز پیش تو به نخجیر شد　　تیزتکی کرد و عدمگیر شد
اینکه سگ امروز شکار تو کرد　　تا دو مَهَت بس بود، ای شیرمرد
خیز و کبابی به دل خویش ده　　مغز تو خور، پوست به درویش ده
چرب خورِش بود تو را پیش ازین　　روبه فربه نخوری بیش ازین
ایمنی از روغن اعضای ما　　رَست مزاج تو ز صفرای ما
دوری ازو این چه وفاداری است؟　　غم نخوری، این چه جگرخواری است؟
صیدگرش گفت شب آبستن است　　روزه برای من است این غمِ یک
شاد بر آنم که درین دیر تنگ　　شادی و غم هر دو ندارد درنگ
این‌همه میریّ و همه بندگی　　هست درین قالب گردندگی
انجم و افلاک به گشتن درند　　راحت و محنت به گذشتن درند
شاد دلم زآنکه دل من غمی‌ست　　کآمدن غم سبب خرمی‌ست
گرگِ مرا حالت یوسف رسید　　گرگ نِیَم جامه نخواهم درید
گر ستدندش ز من ای حیله‌ساز　　با چو تو صیدی به من آرند باز
او به سخن در که برآمد غبار　　گشت سگ از پردهٔ گَرد آشکار
آمد و گِردش دو سه جولان گرفت　　نیفهٔ روباه به دندان گرفت
گفت بدین خرده که دیر آمدم　　روبه داند که چو شیر آمدم
طوق من آویزشِ دین تو شد　　کُندهٔ روباه یقین تو شد
هر که یقینش به ارادت کشد　　خاتم کارش به سعادت کشد
راه یقین جوی ز هر حاصلی　　نیست مبارک‌تر ازین منزلی
پای به رفتار یقین سر شود　　سنگ به پندار یقین زر شود

گر قدمت شد به یقین استوار / گرد ز دریا نم از آتش برآر
هر که یقین را به توکّل سرشت / بر کرم «الرّزق علی‌الله» نوشت
پشهٔ خوان و مگس کس نشد / هرچه به پیش آمدش از پس نشد
روزی تو بازنگردد ز در / کار خدا کن غم روزی مخور
بر در او رو که از اینان به اوست / روزی ازو خواه که روزی‌ده اوست
از من و تو هر که بدان در گذشت / هیچ‌کسی بی‌غرضی وا نگشت
اهل یقین طایفهٔ دیگرند / ما همه پاییم گر ایشان سرند
چون سر سجّاده بر آب افکنند / رنگ عسل بر می ناب افکنند
عمر چو یک‌روزه قرارت نداد / روزی صدساله چه باید نهاد
صورت ما را که عمل ساختند / قسمت روزی به ازل ساختند
روزی از آنجات فرستاده‌اند / آن خوری اینجا که تو را داده‌اند
گرچه در این راه بسی جهد کرد / بیشتر از روزی خود کس نخورد
جهد بدین کن که بر این است عهد / روزی و دولت نفزاید به جهد
تا شوی از جملهٔ عالم عزیز / جهد تو می‌باید و توفیق نیز
جهد نظامی نفسی بود سرد / گرمی توفیق به چیزیش کرد

مقالت هفتم: در فضیلت آدمی بر حیوانات

ای به زمین بر چو فلک نازنین / نازکِشَت هم فلک و هم زمین
کار تو زآنجا که خبر داشتی / برتر از آن شد که تو پنداشتی
اوّل از آن دایه که پرورده‌ای / شیر نخوردی که شکر خورده‌ای

نیکویی‌ات باید کافزون بود
نیکویی افزون‌تر ازین چون بود؟

کز سر آن خامه که خاریده‌اند
نغز نگاریت نگاریده‌اند

رشتهٔ جان بر جگرت بسته‌اند
گوهر تن بر کمرت بسته‌اند

به که ضعیفی که درین مرغزار
آهوی فربه ندوَد با نزار

جانورانی که غلام تواند
مرغ علف‌خوارهٔ دام تواند

چون تو همایی، شرفِ کار باش
کم‌خور و کم‌گوی و کم‌آزار باش

هر که تو بینی، ز سپید و سیاه
بر سر کاری است در این کارگاه

جغد که شوم است به افسانه در
بلبل گنج است به ویرانه در

هر که در این پرده نشانیش هست
درخور تن قیمت جانیش هست

گرچه ز بحر تو به گوهر کماند
چون تو همه گوهرِ عالماند

بیش و کمی را که کشی در شمار
رنج به قدر دیَتَش چشم دار

نیک و بد ملک به کار تواند
در بد و نیک آینه‌دار تواند

کفش دهی، بازدهندت کلاه
پرده‌دری، پرده درندت چو ماه

خیز و مکن پرده‌دری صبح‌وار
تا چو شبت نام بود پرده‌دار

پردهٔ زنبور، گل سوری است
وآنِ تو این پردهٔ زنبوری است

چند پری چون مگس از بهرِ قوت
در دهن این تنهٔ عنکبوت؟

پردگیانی که جهان داشتند
راز تو در پرده نهان داشتند

از ره این پرده فزون آمدی
لاجرم از پرده برون آمدی

دل که نه در پرده، وِداعش مکن
هرچه نه در پرده، سماعش مکن

شعبده‌بازی که در این پرده هست
بر سرت این پرده به بازی نبست

مخزن الاسرار

دست جز این پرده به جایی مزن
خارج از این پرده نوایی مزن

بشنو از این پرده و بیدار شو
خلوتیِ پردهٔ اسرار شو

جسمت را پاکتر از جان کنی
چون که چهل روز به زندان کنی

مرد به زندان شرف آرد به دست
یوسف ازین روی به زندان نشست

قدر دل و پایهٔ جان یافتن
جز به ریاضت نتوان یافتن

سیم طبایع به ریاضت سپار
زرّ طبیعت به ریاضت برآر

تا ز ریاضت به مقامی رسی
کت به کسی درکشد این ناکسی

توسنیِ طبع چو رامت شود
سکّهٔ اخلاص به نامت شود

عقل و طبیعت که تو را یار شد
قصّهٔ آهنگر و عطّار شد

کاین ز تبِش آینه‌رویَت کند
وآن ز نَفَس غالیه‌بویَت کند

در بُنهٔ طبع، نجات اندکی‌ست
در قفص مرغ، حیات اندکی‌ست

هرچه خلاف‌آمدِ عادت بوَد
قافله‌سالار سعادت بوَد

سر ز هوا تافتن از سروَری‌ست
ترک هوا قوّت پیغمبری‌ست

گر نفسی نفس، به فرمان توست
کفش بیاور که بهشت آن توست

از جَرَس نفس، برآور غریو
بندهٔ دین باش، نه مزدور دیو

در حَرَم دین به حمایت گریز
تا رهی از کشمکش رستخیز

زآتش دوزخ که چنان غالب است
بوی نبی شحنهٔ بوطالب است

هست حقیقت نظر مُقبِلان
دِرعِ پناهندهٔ روشن‌دلان

داستان فریدون با آهو

صبحدمی با دو سه اهل درون | رفت فریدون به تماشا برون
چون به شکار آمد در مرغزار | آهوَکی دید فریدون‌شکار
گردن و گوشی ز خُصومت بَری | چشم و سُرینی به شفاعتگری
گفتی از آنجا که نظر جُسته بود | از نظر شاه برون رُسته بود
شاه بدان صید، چنان صید شد | کِش همگی بستهٔ آن قید شد
رَخش برو چون جگرش گرم کرد | پشت کمان چون شکمش نرم کرد
تیر بدان پایه ازو درگذشت | رخش بدان پویه، به گردش نگشت
گفت به تیر آن پر کینَت کجاست؟ | گفت به رخش آن تکِ دینت کجاست؟
هر دو درین، باره نه، پسباره‌اید | خُردهٔ آن خرد گیاخواره‌اید
تیر زبان شد همه، کای مرزبان | هست نظرگاه تو این بی‌زبان
در کَنَف دِرعِ تو جولان زند | بر سر درع تو که پیکان زند؟
خوش نبوَد با نظر مهتران | بر رَقِ آهو کفِ خنیاگران
داغ بلندان طلب، ای هوشمند | تا شَوی از داغ بلندان بلند
صورت خدمت صفت مردمی‌ست | خدمت کردن شرف آدمی‌ست
نیست برِ مردم صاحب‌نظر | خدمتی از عهد پسندیده‌تر
دست وفا در کمر عهد کن | تا نشوی عهدشکن، جهدکن
گنج‌نشین مار که درویش نیست | از سر تا دُم کمری بیش نیست
از پی آن گشت فلک تاجِ سر | کز سرِ خدمت، همه تن شد کمر
هر که زمام هنری می‌کشد | در ره خدمت کمری می‌کشد

شمع که او خواجگی نور یافت / از کمرِ خدمتِ زنبور یافت
خیز نظامی که نه بربسته‌ای / از پی خدمت چه کمر بسته‌ای؟

مقالت هشتم: در بیان آفرینش

پیشتر از پیشترانِ وجود / کآب نخوردند ز دریای جود
در کف این ملک یَساری نبود / در رهِ این خاک غباری نبود
وعدهٔ تاریخ به سر نامده / لعبتی از پرده به در نامده
روز و شب آویزِش پستی نداشت / جان و تن آمیزش هستی نداشت
کشمکش جور در اعضا هنوز / کن مکن عدل نه پیدا هنوز
فیض کرم کرد مواسای خویش / قطره‌ای افکند ز دریای خویش
حالی از آن قطره که آمد برون / گشت روان این فلک آبگون
زآب روان گرد برانگیختند / جوهر تو ز آن عرض آمیختند
چون که تو برخیزی ازین کارگاه / باشد برخاسته گردی ز راه
ای خُنُک آن شب که جهان بی‌تو بود / نقش تو بی‌صورت و جان بی‌تو بود
چشم فلک فارغ ازین جستجوی / گوش زمین رَسته ازین گفتگوی
تا تو درین ره ننهادی قدم / شُکر بسی داشت وجود از عدم
فارغ از آبستنی‌ات روز و شب / نامیه عِنّین و طبیعت عَزَب
باغ جهان زحمت خاری نداشت / خاکِ سراسیمه غباری نداشت
طالع جوزا که کمر بسته بود / از وَرَم رگ‌زدنت رَسته بود
مه که سیه‌روی شدی در زمین / طشت تو رسواش نکردی چنین
زُهره هنوز آب درین گِل نریخت / شهپر هاروت به بابِل نریخت

از تو مجرّد زمی و آسمان / تو به کنار و غم تو در میان
تا به تو طغرای جهان تازه گشت / گنبد پیروزه پرآوازه گشت
از بدی چشم تو کوکب نرست / کوکبهٔ مهدِ کواکب شکست
بود مه و سال ز گَردش بری / تا تو نکردیش تعرّفگری
روی جهان کآینهٔ پاک شد / زین نفسی چند خللناک شد
مشعلهٔ صبح تو بردی به شام / صادق و کاذب تو نهادیش نام
خاک زمین در دهن آسمان / تا که چرا پیش تو بندد میان
بر فلکت میوهٔ جان گفته‌اند / می‌شنوش کان به زبان گفته‌اند
تاج تو افسوس که از سر، بِه است / جُل ز سگ و توبره از خر، بِه است
لاف بسی شد که درین لافگاه / بر تو جهانی به جوی خاک راه
خود تو کفی خاک به جانی دهی / یک جو کَهگِل به جهانی دهی
ای ز تو بالای زمین زیر رنج / جای تو هم زیر زمین بِه، چو گنج
روغن مغز تو که سیمابی است / سرد بدین فندق سنجابی است
تات چو فندق نکند خانه تنگ / بگذر ازین فندق سنجاب‌رنگ
روز و شب از قاقم و قندز جداست / این دلهٔ پیسه پلنگ‌اژدهاست
گُربه نِه‌ای دست‌درازی مکن / با دلهٔ ده‌دله بازی مکن
شیر تَنیده‌ست درین ره لعاب / سر چو گَوزنان چه نهی سوی آب؟
گر فلکت عشوهٔ آبی دهد / تا نفریبی که سرابی دهد
تیز مران، کآبِ فلک دیده‌ای / آب دهن خور که نمک دیده‌ای
تا نشوی تشنه، به تدبیر باش / سوخته‌خرمن، چو تباشیر باش

یوسف تو تا ز بَر چاه بود — مصرِ الهیش نظرگاه بود
زردرخ از چرخِ کبود آمدی — چون که درین چاه فرود آمدی
این‌همه صفرای تو بر روی زرد — سرکهٔ ابروی تو کاری نکرد
پیه تو چون روغنِ صدساله بود — سرکهٔ ده‌ساله بر ابرو چه سود؟
خون پدر دیده درین هفت‌خوان — آب مریز از پی این هفت نان
آتش در خرمن خود می‌زنی — دولت خود را به لگد می‌زنی
می‌تک و می‌تاز که مَیدان تو راست — کار بفرمای که فرمان تو راست
این دو سه روزی که شدی جام‌گیر — خوش‌خور و خوش‌خُسب و خوش‌آرام‌گیر
هم به تو بر سخت جفا کرده‌اند — زان رَسَنت سُست رها کرده‌اند
لنگ شده پای و میان گشته کوز — سوختهٔ روغن خویشی هنوز
لاجرم اینجا دغلِ مطبخی — روز قیامت علف دوزخی
پر شده گیر این شکم از آب و نان — ای سبک، آن‌گاه نباشی گران؟
گر به خُورِش، بیش کسی زیستی — هر که بسی خورد، بسی زیستی
عمر کم است از پی آن پُر بهاست — قیمت عمر از کمیِ عمر خاست
کم خور و بسیاریِ راحت نگر — بیش خور و بیش جراحت نگر
عقل تو با خورد چه بازار داشت؟ — حرص تو را بر سر این کار داشت
حرص تو از فتنه بود ناشکیب — بگذر ازین ابلهِ زیرک‌فریب
حرص تو را عقل بدان داده‌اند — کان نخوری کِت نفرستاده‌اند
ترسم ازین پیشه که پیشت کند — رنگ‌پذیرندهٔ خویشت کند
هر بد و نیکی که درین محضرند — رنگ‌پذیرندهٔ یکدیگرند

داستان میوه‌فروش و روباه

میوه‌فروشی که یمن جاش بود / روبهکی خازن کالاش بود
چشم ادب بر سر ره داشتی / کلبهٔ بقّال نگه داشتی
کیسه‌بُری چند شگرفی نمود / هیچ شگرفیش نمی‌کرد سود
دیده به هم زد چو شتابش گرفت / خُفت و به خفتن رگ خوابش گرفت
خُفتن آن گرگ چو روبه بدید / خواب در او آمد و سر درکشید
کیسه‌بُر آن خواب غنیمت شمرد / آمد و از کیسه غنیمت ببرد
هر که در این راه کند خوابگاه / یا سرش از دست رود یا کلاه
خیز نظامی، نَه گَهِ خفتن است / وقتِ به ترکِ همگی گفتن است

مقالت نهم: در ترک مئونات دنیوی

ای ز شب وصل گرانمایه‌تر / وز علم صبح سبکسایه‌تر
سایه‌صفت چند نشینی به غم؟ / خیز که بر پای نکوتر علم
چون مَلِکان عزم شُدآمَد کنند / نَقلِ بُنِه پیشتر از خَود کنند
گر ملکی، عزم ره آغاز کن / زین به‌نواتر سفری ساز کن
پیشتر از خود بُنِه بیرون فرست / توشهٔ فردای خود اکنون فرست
خانهٔ زنبور پر از انگبین / از پی آن است که شد پیش‌بین
مور که مردانه صفی می‌کشد / از پی فردا علفی می‌کشد
هر که جهان خواهد کآسان خورد / تابستان برگ زمستان خورد
جز من و تو هر که در این طاعت‌اند / صیرَفی گوهر یک ساعت‌اند
همّتِ کس عاقبت‌اندیش نیست / بینشِ کس تا نفسی بیش نیست

مخزن الاسرار

منزل ما کز فلکش بیشی است
منزلت عاقبت‌اندیشی است

نیست به هر نوع که بینم بسی
عاقبت‌اندیش‌تر از ما کسی

کامهٔ وقت ارچه ز جان خوش‌تر است
عاقبت‌اندیشی ازان خوش‌تر است

ما که ز صاحب‌خبران دلیم
گوهری‌ایم ار چه ز کانِ گِلیم

زآمدنی آمده ما را اثر
وز شدنی‌ها شده صاحب‌نظر

خوانده به جان‌ریزهٔ اندیشناک
ابجد نُه مکتب ازین لوح خاک

کس نه بدین داغ، تو بودیّ و من
نوبر این باغ، تو بودیّ و من

خاک تو آن روز که می‌بیختند
از پی معجونِ دل آمیختند

خاک تو آمیختهٔ رنج‌هاست
در دل این خاک بسی گنج‌هاست

قیمت این خاک به واجب شناس
خاک‌سپاسی بکن ای ناسپاس

منزل خود بین که کدام است راه
وامدن و رفتن از این جایگاه

زآمدنِ این سفرت رای چیست؟
بازشدن حکمت از اینجای چیست؟

اوّل کاین ملک به نامت نبود
وین دِهِ ویرانه مقامت نبود

فرّ همای حملی داشتی
اوج هوای ازلی داشتی

گرچه پَرِ عشقِ تو غایت نداشت
راه ابد نیز نهایت نداشت

مانده شدی، قصد زمین ساختی
سایه بر این آب و گل انداختی

باز چو تنگ آیی ازین تنگنای
دامن خورشید کشی زیر پای

گرچه مجرّد شوی از هر کسی
بر سر آن نیز نمانی بسی

جز به تردّد سر و کاریت نیست
بر سر یک رشته قراریت نیست

مفلسِ بخشنده تویی گاهِ جود
تازهٔ دیرینه تویی در وجود

بگذر از این مادر فرزندکُش
آنچه پدر گفت، بدان دار هُش

در پدر خود نگر، ای ساده‌مرد
سنّت او گیر و نگر تا چه کرد

منتظر راحت نتوان نشست
کان به چنین عمر نیاید به دست

گر نفسی طبع‌نواز آمدی
عمرِ به بازی شده باز آمدی

غم خور و بنگر ز کدامین گلی؟
شاد نشسته به کدامین دلی؟

آن که بدو گفت فلک شاد باش
آن نه منم وان نه تو آزاد باش

ما ز پی رنج پدید آمدیم
نَز جهتِ گفت و شنید آمدیم

تا ستد و دادِ جهانی که هست
راست نداریم به جانی که هست

زآمدنت رنگ چرا چون می است؟
کآمدنی را شدنی در پی است

تا کی و تا کی بوَد این روزگار؟
وآمدن و رفتن بی‌اختیار؟

شک نه در آن شد که عدم هیچ نیست
شک به وجود است که هم هیچ نیست

تیز مپر، چون به درنگ آمدی
زود مرو، دیر به چنگ آمدی

وقت بیاید که روارو زنند
سکّهٔ ما بر دِرَمی نو زنند

تازه کنند این گِل افکنده را
بازِ هم آرند پراکنده را

ای که از امروز نه‌ای شرمسار
اخر ازان روز یکی شرم دار

این‌همه محنت که فرا پیشِ ماست
اینت صبورا که دل ریشِ ماست

مرکب این بادیه دین است و بس
چارهٔ این کار همین است و بس

سختی ره بین و مشو سست‌ران
سست‌گمانی مکن ای سخت‌جان

آینهٔ جهد فرا پیش دار
درنگر و پاسِ رخِ خویش دار

عذر ز خود دار و قبول از خدای
جمله ز تسلیمِ قَدَر درمیای

داستان زاهد توبه‌شکن

مسجدی‌ای بستهٔ آفات شد	معتکف کوی خرابات شد
می به دهن برد و چو می‌می‌گریست	کای منِ بیچاره، مرا چاره چیست؟
مرغ هوا در دلم آرام کرد	دانهٔ تسبیح مرا دام کرد
کعبه مرا رهزن اوقات بود	خانهٔ اصلیم خرابات بود
طالع بد بود و بداختر شدم	نامزد کوی قلندر شدم
چشم ادب زیر نقاب از من است	کوی خرابات خراب از من است
تنگ جهان بر منِ مهجور باد	گرد من از دامن من دور باد
گر نه قضا بود من و لات کی؟	مسجدی و کوی خرابات کی؟
همّت از آنجا که نظر کرده بود	گفت جوابی که در آن پرده بود
کاین روش از راهِ قضا دور دار	چون تو قضا را به جوی صدهزار
بر درِ عذر آی و گنه را بشوی	آنگه ازین شیوه حدیثی بگوی
چون تو روی، عذرپذیرت برند	ورنه، خود آیند و اسیرت برند
سبزه چریدن ز سر خاک بس	نیشکر سبز تو افلاک بس
تا نبَرَد خوابت، ازو گوشه کن	اندکی ازبهرِ عدم توشه کن
خوش نبوَد دیده به خوناب در	زنده و مرده به یکی خواب در
دین که تو را دید چنین مستِ خواب	چهره نهان کرد به زیر نقاب
خیز نظامی که ملک برنشست	همسر اینجا چه شوی پای‌بست؟

مقالت دهم: در نمودار آخِر الزّمان

ای فلک آهسته‌تر، این دور چند؟ وی زَمی آسوده‌تر، این جور چند؟
از پس هر شامگهی چاشتی‌ست آخِرِ برداشت، فروداشتی‌ست
در طبقات زمی افکنده بیم «زلزله السّاعه شیءٌ عظیم»
شیفتن خاک سیاست نمود حلقهٔ زنجیر فلک را بسود
باد تن شیفته درهم شکست شیفته زنجیر فراهم گسست
با که گرو بست زمین کز میان بازگشاید کمر آسمان؟
شام ز رنگ و سحر از بوی رَست چرخ ز چوگان، زَمی از گوی رَست
خاک دَرِ چرخ برین می‌زند چرخ میان بسته کمین می‌زند
حادثهٔ چرخ کمین برگشاد یک به یک اندام زمین برگشاد
پیر فلک خرقه بخواهد درید مهرهٔ گِل رشته بخواهد برید
چرخ به زیر آید و یکتا شود چرخ‌زنان خاک به بالا شود
رَسته شود هر دو سر از درد ما پاک شود هر دو ره از گرد ما
هم فلک از شغل تو ساکن شود هم زمی از مکر تو ایمن شود
شرم گرفت اَنجُم و افلاک را چند پرستند کفی خاک را
مارصفت شد فلک حلقه‌وار خاک خورَد مار، سرانجامِ کار
ای جگر خاک به خون از شما کیست در این خاک برون از شما؟
خاک در این خنبرهٔ غم چراست؟ رنگ خمش اَزرَق ماتم چراست؟
گر بتوانید کمین ساختن این گِل ازین خم به در انداختن
دامن ازین خنبرهٔ دودناک پاک بشویید به هفت آب و خاک

خرقهٔ انجم ز فلک برکشید / خطّ خرابی به جهان درکشید
بر سر خاک از فلک تیزگشت / واقعه‌ای تیز بخواهد گذشت
تعبیه‌ای را که درو کارهاست / جنبش افلاک نمودارهاست
سر بجهد چون که بخواهد شکست / وین جهش امروز درین خاک هست
دشمن توست این صدف مشک‌رنگ / دیده پر از گوهر و دل پر نهنگ
این نه صدف، گوهر دریایی است / وین نه گهر، معدن بینایی است
هر که در او دید، دِماغش فِسُرد / دیده چو افعی به زُمرّد سپُرد
لاجرمش نورِ نظر هیچ نیست / دیده هزار است و بصر هیچ نیست
راه عدم را نپسندیده‌ای / زآنکه به چشم دگران دیده‌ای
پایت را دردسری می‌رسان / ره نتوان رفت به پای کسان
گر به فلک برشود از زرّ و زور / گور بوَد بهرهٔ بهرامِ گور
در نتوان بستن ازین کوی در / بر نتوان کردن ازین بام سر
باش درین خانهٔ زندانیان / روزن و در بسته چو بحرانیان
چند حدیث فلک و یاد او؟ / خاکِ تهی بر سر پر باد او
از فلک و راه مَجَرّه‌اش مرنج / کاهکشی را به یکی جو مسنج
بر پر از این گنبد دولاب‌رنگ / تا رَهی از گردش پرگارِ تنگ
وهم که باریک‌ترین رشته‌ایست / زین رهِ باریک، خجل‌گشته‌ایست
عاجزیِ وهم خجل‌روی بین / موی‌به‌موی این ره چون موی بین
بر سر مویی، سر مویی مگیر / ورنه، برون آی چو موی از خمیر
چون به ازین مایه به دست آوری / بد بود اینجا که نشست آوری

پشتهٔ این گِل چو وفادار نیست / روی بدو مصلحت کار نیست
هر عَلَمی جای صد افکندگی‌ست / هر کمر آلودهٔ صد بندگی‌ست
هر هنری طعنهٔ شهری درو / هر شکری زحمت زهری درو
آتش صبحی که در این مطبخ است / نیم‌شراری ز تَف دوزخ است
مه که چراغ فلکی شد تنش / هست ز دریوزهٔ خور روغنش
ابر که جان‌داروی پژمردگی‌ست / هم قدری بلغم افسردگی‌ست
آب که آسایش جان‌ها در اوست / کشتی داند چه زیان‌ها در اوست
خانهٔ پر عیب شد این کارگاه / خود نکنی هیچ به عیبش نگاه
چشم فروبسته‌ای از عیب خویش / عیب کسان را شده آینه پیش
عیب‌نویسی مکن آینه‌وار / تا نشوی از نفسی عیب‌دار
یا به در افکن هنر از جیب خویش / یا بشکن آینهٔ عیب خویش
دیده ز عیب دگران کن فراز / صورت خود بین و درو عیب ساز
در همه چیزی هنر و عیب هست / عیب مبین تا هنر آری به دست
می‌نتوان یافت به شب در چراغ؟ / در قفس روز توان دید زاغ؟
در پر طاوس که زرپیکر است / سرزنش پای کجا درخور است؟
زاغ که او را همه تن شد سیاه / دیده سپید است، در او کن نگاه

داستان عیسی

پای مسیحا که جهان می‌نَبَشت / بر سر بازارچه‌ای می‌گذشت
گرگ‌سگی بر گذر افتاده دید / یوسفش از چه به در افتاده دید
بر سر آن جیفه، گروهی نظار / بر صفتِ کرکسِ مردارخوار

گفت یکی وحشت این در دماغ / تیرگی آرد چو نفس در چراغ
وان دگری گفت نه بس حاصل است / کوری چشم است و بلای دل است
هرکس ازآن پرده نوایی نمود / بر سر آن جیفه جفایی نمود
چون به سخن نوبت عیسی رسید / عیب رها کرد و به معنی رسید
گفت ز نقشی که در ایوان اوست / دُر به سپیدی، نه چو دندان اوست
وان دو سه تن کرده ز بیم و امید / زان صدف سوخته دندان سپید
عیب کسان منگر و احسان خویش / دیده فرو کن به گریبان خویش
آینه روزی که بگیری به دست / خود شکن آن روز مشو خودپرست
خویشتن‌آرای مشو چون بهار / تا نکند در تو طمع روزگار
جامهٔ عیب تو تُنُک رشته‌اند / زان به تو نُه پرده فروهشته‌اند
چیست درین حلقهٔ انگشتری / کان نبوَد طوق تو چون بنگری
گر نه سگی طوق ثریا مکش / گر نه خری بار مسیحا مکش
کیست فلک؟ پیرشُده بیوه‌ای / چیست جهان؟ دودزَده میوه‌ای
جملهٔ دنیا ز کهن تا به نو / چون گذرنده است، نَیَرزد دو جو
اَندُه دنیا مخور ای خواجه، خیز / ور تو خوری، بخش نظامی بریز

مقالت یازدهم: در بی‌وفایی دنیا

خیز و بساط فلکی درنورد / زآنکه وفا نیست درین تخته‌نرد
نقش مراد از درِ وصلش مجوی / خصلت انصاف ز خَصلش مجوی
پای درین بحر نهادن که چه؟ / بار درین موج گشادن که چه؟

باز به بط گفت که صحرا خوش است
گفت شبت خوش که مرا جا خوش است

ای که درین کشتیِ غم جای توست
خون تو در گردن کالای توست

بار درافکن که عذابت دهد
نان ندهد تا که به آبت دهد

کُنج امان نیست در این خاکدان
مغز وفا نیست درین استخوان

نیست یکی‌ذرّه جهان نازکش
پای ز انبازیِ او بازکش

آنچه بر این مائدهٔ خرگهی‌ست
کاسهٔ آلوده و خوان تهی‌ست

هر که درو دید، دهانش بدوخت
هر که بدو گفت، زبانش بسوخت

هیچ نه در محمل و چندین جرس
هیچ نه در کاسه و چندین مگس

هر که ازین کاسه یک انگشت خَورد
کاسهٔ سر، حلقهٔ انگشت کرد

نیست همه‌ساله درین دِهِ صواب
فتنهٔ اندیشه و غوغای خواب

خلوت خود ساز عدمخانه را
بازگذار این ده ویرانه را

روزن این خانه رها کن به دود
خانه فروشی به زن، آخر چه سود؟

دست به عالم چه درآورده‌ای؟
نَز شکم خود به در آورده‌ای

خط به جهان درکش و بی‌غم بِزی
دور شو از دَور و مُسلّم بِزی

راه تو دور آمد و منزل دراز
برگ ره و توشهٔ منزل بساز

خاصه درین بادیهٔ دیوسار
دوزخِ محرورکُشِ تشنه‌خوار

کآبِ جگر، چشمهٔ حیوان اوست
چشمهٔ خورشید نمکدان اوست

شورهٔ او بی‌نمکان را شراب
شورِ نمک دیده درو چون کباب

آب نه و زین نمک آبگون
زَهرهٔ دل آب و دل زهره خون

ره که دل از دیدن او خون شود
قافلهٔ طبع درو چون شود؟

در تف این بادیهٔ دیولاخ — خانهٔ دل تنگ و غم دل فراخ
هر که درین بادیه با طبع ساخت — چون جگر افسرد و چو زهره گداخت
تا چه کنی این گِلِ دوزخ‌سرشت — خیز و بده دوزخ و بِستان بهشت
تا شود این هیکل خاکی غبار — پای به پایت سپرد روزگار
عاقبتت چون که به مردم کند — دست به دستت ز میان گم کند
چون که سوی خاک بوَد بازگشت — بر سر این خاک چه باید گذشت؟
زیر کف پای کسی را مَسای — کو چو تو سوده‌ست بسی زیر پای
کس به جهان در ز جهان جان نبُرد — هیچ‌کس این رقعه به پایان نبُرد
پای منه بر سر این خارخیز — خویشتن از خار نگه‌دار، خیز
آنچه مقام تو نباشد مُقیم — بیمگَهی شد، چه کنی جای بیم؟
منزل فانی‌ست قرارش مبین — باد خزانی‌ست بهارش مبین

داستان موبد صاحب‌نظر

موبدی از کشور هندوستان — رهگذری کرد سوی بوستان
مرحله‌ای دید مُنَقَّش‌رباط — مملکتی یافت مُزَوَّربساط
غنچه به خون بسته چو گردون کمر — لالهٔ کم‌عمر زِ خود بی‌خبر
از چمن انگیخته گل رنگ‌رنگ — وز شکر آمیخته می تنگ‌تنگ
گل چو سپر خستهٔ پیکان خویش — بید به لرزه شده بر جان خویش
زلف بنفشه رسن گردنش — دیدهٔ نرگس دِرَم دامنش
لاله گهر سوده و فیروزه گل — یک‌نفسه لاله و یک‌روزه گل

مهلت کس تا نفسی بیش نه	کس نفسی عاقبت‌اندیش نه
پیر چو زان روضهٔ مینو گذشت	بعد مَهی چند بدان سو گذشت
زان گل و بلبل که در آن باغ دید	نالهٔ مشتی زغن و زاغ دید
دوزخی افتاد به جای بهشت	قیصر آن قصر شده در کِنِشت
سبزه به تحلیل بخاری شده	دستهٔ گل پشتهٔ خاری شده
پیر در آن تیزروان بنگریست	بر همه خندید و به خود برگریست
گفت به هنگام نمایندگی	هیچ ندارد سر پایندگی
هرچه سر از خاکی و آبی کشد	عاقبتش سر به خرابی کشد
به ز خرابی چو دگر کوی نیست	جز به خرابی شدنم، روی نیست
چون نظر از بینش توفیق ساخت	عارف خود گشت و خدا را شناخت
صیرَفیِ گوهرِ آن راز شد	تا به عدم سوی گُهر باز شد
ای که مسلمانی و گبریت نیست	چشمه‌ای و قطرهٔ ابریت نیست
کمتر ازان موبد هندو مباش	ترک جهان گوی و جهان‌گو مباش
چند چو گل خیره‌سری ساختن؟	سر به کلاه و کمر افراختن؟
خیز و رها کن کمر گل ز دست	کاو کمر خویش به خون تو بست
هست کلاه و کمر، آفات عشق	هر دو گرو کن به خرابات عشق
گه کُلَهات خواجگی گِل دهد	گه کمرت بندگی دل دهد
کوش کزین خواجه‌غلامی رَهی	یا چو نظامی ز نظامی رَهی

مقالت دوازدهم: در وداع منزل خاک

خیز و وداعی بکن ایّام را
از پس دامن فکن این دام را

مملکتی بهتر ازین ساز کن
خوش‌تر ازین حُجره دری باز کن

چون دل و چشمت به ره آورد سر
ناله و اشکی به ره‌آورد بر

تا به یکی نم که برین گِل زنی
لافِ ولی‌نعمتیِ دل زنی

گر شتری، رقص کن اندر رَحیل
ورنه، میفکن دَبه در پای پیل

چون که تو را مَحرم یک موی نیست
جز به عدم رای زدن روی نیست

طبع‌نوازان و ظریفان شدند
با که نشینی که حریفان شدند

گرچه بسی طبع لطیفی کند
با تنِ تنها که حریفی کند؟

بِه که بجوید دل پرهیزناک
روشنیِ آب درین تیره‌خاک

تا نرسد تفرقهٔ راه پیش
تفرقه کن حاصلِ معلوم خویش

رَخت رها کن که گران‌رو کسی
کز سبکی زود به منزل رسی

بر فلک آی اَر طلب دل کنی
تا تو درین خاک چه حاصل کنی

چون شده‌ای بستهٔ این دامگاه
رخنه کُنَش تا به در افتی به راه

کاین خط پیوسته به‌هم در چو میم
ره ندهد تا نکنندش دو نیم

زخمه‌گهِ چرخ منقّط مباش
از خط این دایره در خط مباش

گر ز خط روز و شب افزون شوی
از خط این دایره بیرون شوی

تا نکنی جای قدم استوار
پای منه در طلب هیچ کار

در همه کاری که گرایی نخست
رخنهٔ بیرون شدنش کن درست

شرط بوَد دیده به ره داشتن
خویشتن از چاه نگه داشتن

رخنه کن این خانهٔ سیلاب‌ریز ... تا بُوَدَت فرصت راهِ گریز
روبهِ یک‌فن نفس سگ شنید ... خانه دو سوراخ به واجب گزید
وآگهی‌اش نه که شود راه‌گیر ... دودهٔ این گنبد روباه‌گیر
این چه نشاط است کزو خوش‌دلی؟ ... غافلی از خود که ز خود غافلی؟
عهد چنان شد که درین تنگنای ... تنگ‌دل آیی و شَوی باز جای
گر شکنی عهد الهی کنون ... جان تو از عُهده کی آید برون؟
راه چنان رو که ز جان دیده‌ای ... بر دو جهان زن که جهان دیده‌ای
زیر مبین تا نشوی پایه‌ترس ... پس منگر تا نشوی سایه‌ترس
توشه ز دین بر که عمارت کم است ... آب ز چشم آر که ره بی‌نم است
هم به صدف دِه گُهر پاک را ... باز رَه و باز رَهان خاک را
دور فلک چون تو بسی یار کشت ... دست‌قوی‌تر ز تو بسیار کشت
بوالعجبی ساز درین دشمنی ... تاش زمانی به زمین افکنی
او که درین پایه هنر پیشه نیست ... از سپر و تیغ وی اندیشه نیست
مار مخوان کاین رَسَنِ پیچ‌پیچ ... با کشش عشق تو هیچ است، هیچ
در غم این شیشه چه باید نشست؟ ... کش به یکی باد توانی شکست
سیم‌کُشان کآتشِ زر کُشته‌اند ... دشمن خود را به شکر کُشته‌اند
تا بتوان از دل دانش‌فروز ... دشمن خود را به گُلی کُش، چو روز

داستان دو حکیم متنازع

با دو حکیم از سر همخانگی — شد سخنی چند ز بیگانگی
لاف منی بود و تُوی برنتافت — ملک یکی بود و دُوی برنتافت
حق دو نشاید که یکی بشنوند — سر دو نباید که یکی بدرَوند
جای دو شمشیر نیامی که دید؟ — بزم دو جمشیدمقامی که دید؟
در طمع آن بود دو فرزانه را — کز دو یکی خاص کند خانه را
چون عَصَبیّت کمرِ کین گرفت — خانه ز پرداختن آیین گرفت
هر دو به شبگیر نوایی زدند — خانه‌فروشانه صلایی زدند
کز سر ناساختگی بگذرند — ساختهٔ خویش دو شربت خورند
تا که درین پایه قوی‌دل‌تر است؟ — شربت زهر که هَلاهِل‌تر است؟
مُلکِ دو حکمت به یکی فن دهند — جانِ دو صورت به یک تن دهند
خصم نخستین قَدَری زهر ساخت — کز عفنی سنگ سیه را گداخت
داد بدو کین میِ جان‌پرور است — زهر مدانش که بِه از شکّر است
شربت او را ستد آن شیرمرد — زهر به یاد شکر آسان بخورد
نوش‌گیا پخت و بدو در نشست — رهگذر زهر به تریاک بست
سوخت چو پروانه و پر بازیافت — شمع‌صفت باز به مجلس شتافت
از چمن باغ یکی گل بچید — خواند فُسونی و بر آن گل دمید
داد به دشمن ز پی قهر او — آن گلِ پُرکارتر از زهر او
دشمن از آن گل که فسون‌خوان بداد — ترس بر او چیره شد و جان بداد
آن به علاج از تن خود زهر برد — وین به یکی گل ز توهّم بمرد

هر گل رنگین که به باغ زَمی‌ست / قطره‌ای از خون دل آدمی‌ست
باغ زمانه که بهارش تویی / خانهٔ غم دان که نگارش تویی
سنگ درین خاک مُطَبَّق نشان / خاک برین آب معلّق نشان
بگذر ازین آب و خیالات او / بر پر ازین خاک و خرابات او
بر مه و خورشید میاور وقوف / مه خور و خورشید شکن چون کسوف
کین مهِ زرّین که درین خرگه است / غولِ رهِ عشقِ خلیل‌الله است
روز تو را صبح، جگرسوز کرد / چرخت از آن روز بدین روز کرد
گر دل خورشیدفروز آوری / روزی از این روز به روز آوری
اشک‌فشان تا به گلاب امید / بستُری این لوح سیاه و سفید
تا چو عمل‌سنجِ سلامت شوی / چرب‌ترازوی قیامت شوی
دین که قوی دارد بازوت را / راست کند عدل ترازوت را
هیچ هنرپیشهٔ آزادمرد / در غم دنیا، غم دنیا نخورد
چون که به دنیاست تمنّا تو را / دین به نظامی ده و دنیا تو را

مقالت سیزدهم: در نکوهش جهان

پیری عالَم نگر و تنگی‌اش / تا نفریبی به جوان‌رنگی‌اش
بر کف این پیر که بُرناوَش است / دستهٔ گل می‌نگری وآتش است
چشمه سراب است، فریبش مخور / قبله صلیب است، نمازش مبر
زین‌همه گل بر سر خاری نِه‌ای / گر همه هستند، تو باری نِه‌ای
چون ببُری زآنچه طمع کرده‌ای / آن بَری از خانه که آورده‌ای

چون بُنِه در بحر قیامت برند
بی‌دِرَمان جان به سلامت برند

خواه بِنِه مایه و خواهی بباز
کآنچه دهند از تو ستانند باز

خانهٔ داد و ستد است این جهان
کاین بدهد، حالی بستاند آن

گرچه یکی کِرم بَریشم‌گر است
باز یکی کرم بریشم‌خور است

شمع کن این زردگُل جعفری
تا چو چراغ از گلِ خود برخوری

تن بشکن، نُه‌دری‌ای گو مباش
زر بفکن شش‌سری‌ای گو مباش

پای کرم بر سر زر نِه، نَه دست
تات نخوانند چو گُل زرپرست

زر که بر او سکّهٔ مقصود نیست
آن زر و زرنیخ به نسبت یکی‌ست

دوستی زر چو به سان زر است
در دُم طاووس همان پیکر است

سکّهٔ زر چون که به آهن برند
پادشهان بیشتر آهنگرند

ساخت ازو همّت قارون کلاه
از سر آن رخنه فروشد به چاه

بارِ تو شد، تاش سر توست جای
بارگی‌ات شد چو نهی زیر پای

دادن زر گر همه جان دادن است
ناسِتَدَن بهتر ازان دادن است

در سِتَدَن حرص جهانت دهد
در شدن آسایش جانت دهد

آن که ستانیّ و بیفشانی‌اش
بهتر ازان نیست که نستانی‌اش

زر چو نهی روغن صفراگر است
چون بخوری میوهٔ صفرابر است

زر که ز مشرق به در افشانده‌اند
بی‌خبران مغربی‌اش خوانده‌اند

مغرب و آن قوم سَخادُشمن‌اند
مشرق و اهلش به سخا روشن‌اند

هرچه دهد مشرقی صبح بام
مغربی شام ستاند به وام

والیِ جانِ همه کان‌ها زر است
نایب دست همه مرغان پر است

آن زر رومی که به سنگ دمشق / راست برآید به ترازوی عشق
گرچه فروزنده و زیبنده است / خاک بروکن که فریبنده است
کیست که این دزد کلاهش نبرد؟ / وآفت این غول ز راهش نبرد؟

داستان حاجی و صوفی

کعبه‌روی عزم ره آغاز کرد / قاعدهٔ کعبه‌روان ساز کرد
زآنچه فزون از غرضِ کار داشت / مبلغ یک بدرهٔ دینار داشت
گفت فلان صوفی آزادمرد / کاستِن از عالم کوتاه کرد
در دلم آید که دیانت در اوست / در کس اگر نیست امانت، در اوست
رفت و نهانیش فرا خانه برد / بدرهٔ دینار به صوفی سپرد
گفت نگه‌دار در این پرده راز / تا چو من آیم به من آریش باز
خواجه ره بادیه را درگرفت / شیخ زر عاریه را برگرفت
یارب و زنهار که خود چند بود / تا دل درویش در آن بند بود؟
گفت به زر کار خود آراستم / یافتم آن گنج که می‌خواستم
زود خورم تا نکند بستگی / آنچه خدا داد به آهستگی
بازگشاد از گره آن بند را / دادِ طرب داد شبی چند را
جملهٔ آن زر که برِ خویش داشت / بذل شکم کرد و شکم پیش داشت
دست بدان حُقّهٔ دینار کرد / زلف بتان حلقهٔ زُنّار کرد
خرقهٔ شیخانه شده شاخ‌شاخ / تنگدلی مانده و عُذری فراخ
صید چنان خورد که داغش نماند / روغنی از بهرِ چراغش نماند

مخزن الاسرار

حاجی ما چون ز سفر گشت باز
کرد بران هندوی خود ترکتاز

گفت بیاور به من ای تیزهوش
گفت چه؟ گفتا زر، گفتا خموش

در کَرَم آویز و رها کن لجاج
از دِه ویران که ستاند خراج

صرف شد آن بدره هوا در هوا
!مفلس و بدره؟ ز کجا تا کجا

غارتی از تُرک نبرده‌ست کس
رخت به هندو نسپرده‌ست کس

رکنیِ تو رکن دلم را شکست
خردم ازان خرده که بر من نشست

مال به صد خنده به تاراج داد
رفت و به صد گریه به پا ایستاد

گفت کرم کن که پشیمان شدیم
کافر بودیم و مسلمان شدیم

طبع جهان از خلل آبستن است
گر خللی رفت خطا بر من است

تا کرمش گفت به صد رستخیز
خیز که درویش به پای است، خیز

سیم خدا چون به خدا بازگشت
سیمکُشی کرد و ازو درگذشت

ناصح خود شد که بدین در مپیچ
هیچ ندارد، چه ستانم ز هیچ؟

زو چه ستانم که جوی نیستش؟
جز گرویدن گروی نیستش

آنچه از آن مال درین صوفی است
میم مطوّق الف کوفی است

گفت نخواهی که وبالت کنم
وآنچه حرام است، حلالت کنم

دست بدار ای چو فلک زرق‌ساز
زآستنِ کوته و دستِ دراز

هیچ دل از حرص و حسد پاک نیست
معتمدی بر سر این خاک نیست

دین سره نقدی‌ست، به شیطان مده
یارهٔ فغفور به سگبان مده

گر دهی، ای خواجه غرامت تو راست
مایه ز مفلس نتوان بازخواست

منزل عیب است، هنرتوشه رو
دامن دین گیر و فرا گوشه رو

چرخ نه بر بی‌دِرَمان می‌زند　　قافلهٔ محتشمان می‌زند
شحنهٔ این راه چو غارتگر است　　مفلسی از محتشمی بهتر است
دیدم از آنجا که جهان‌بینی است　　کآفت زنبور ز شیرینی است
شیر مگر تلخ بدان گشت خود　　کز پسِ مرگش نخورد دام و دد
شمع ز برخاستنی وانِشَست　　مه ز تمامی طلبیدن شکست
باد که با خاک به گرگ‌آشتی‌ست　　ایمن از این راه ز ناداشتی‌ست
مرغِ شَمَر را مگر آگاهی است　　کآفتِ ماهی درمِ ماهی است
زر که ترازوی نیاز تو شد　　فاتحهٔ پنج نماز تو شد
پاک نگردی ز ره این نیاز　　تا چو نظامی نشوی پاک‌باز

مقالت چهاردهم: در نکوهش غفلت

ای شده خشنود به یکبارگی　　چون خر و گاوی به علف‌خوارگی
فارغ ازین مرکزِ خورشیدگَرد　　غافل از این دایرهٔ لاجورد
از پی صاحب‌خبران است کار　　بی‌خبران را چه غم از روزگار
بر سر کار آی، چرا خفته‌ای؟　　کار چنان کن که پذیرفته‌ای
مست چه خُسبی که کمین کرده‌اند　　کارشناسان نه چنین کرده‌اند
برنگَر این پشتهٔ غم پیش بین　　درنگر و عاجزی خویش بین
عقل تو پیری‌ست فراموش‌کار　　تا ز تو یاد آرد، یادش بیار
گر شرف عقل نبودی تو را　　نامِ که بُردی که ستودی تو را؟
عقل مسیحاست ازو سر مکش　　گرنه خری، خر به وَحَل درمکش

یا به رهِ عقل برو نورگیر
یا ز درش دامن خود دورگیر

مست مکن عقل ادب‌ساز را
طعمهٔ گنجشک مکن باز را

می که حلال آمده در هر مقام
دشمنی عقل تو کردش حرام

می که بود، کآب تو در جام اوست؟
عقل شد آن چشمه که جان نام اوست

گرچه می اندوه جهان را بَرَد
آن مخور ای خواجه که آن را بَرَد

می، نمکی دان جگرآمیخته
بر جگرِ بی‌نمکان ریخته

گر خبرت باید چیزی مخَور
کز همه چیزیت کند بی‌خبر

بی‌خبر آن مرد که چیزی چشید
کش قلم بی‌خبری درکشید

میل‌کشِ چشم خیالات شو
کُندنهِ پای خرابات شو

ای چو الف عاشق بالای خویش
اِلفِ تو با وحشت سودای خویش

گر الفی مرغِ پراَفکنده باش
ورنه چو «بی» حرفِ سرافکنده باش

چون الف آراستهٔ مجلسی
هیچ نداری، چو الف مفلسی

خار نه‌ای کاُوج‌گرایی کنی
به که چو گل بی‌سروپایی کنی

طفل نه‌ای؛ پای به بازی مکش
عمر نه‌ای؛ سر به درازی مکش

روز به آخر شد و خورشید دور
سایه شود بیش، چو کم گشت نور

روز شنیدم چو به پایان شود
سایهٔ هر چیز دوچندان شود

سایه‌پرستی چه کنی همچو باغ؟
سایه‌شکن باش چو نور چراغ

گر تو ز خود سایه توانی پرید
عیبِ تو چون سایه شود ناپدید

سایه‌نشینی نه فن هر کَس است
سایه‌نشین چشمهٔ حیوان بس است

ای زبر و زیر سر و پای تو
زیر و زبرتر ز فلک رای تو

صبح بدان می‌دهدت طشت زر | تا تو ز خود دست بشویی مگر
چون که درین طشت شَوی جام شوی | آب ز سرچشمهٔ خورشید جوی
قرصهٔ خورشید که صابون توست | شوخ‌کَن از جامهٔ پُرخون توست
از بس آتش که طبیعت فشاند | در جگرِ عمرِ تو آبی نماند
گر تنت از چرکِ غرض پاک نیست | زر، نه همه سرخ بود، پاک نیست
گر سخن از پاکی عنصر شود | معدهٔ دوزخ ز کجا پر شود؟
گرچه ترازو شده‌ای راست‌کار | راستی دل به ترازو گمار
هر جو و هر حبّه که بازوی تو | کم کند از کیل و ترازوی تو
هست یکایک همه بر جای خویش | روز پسین جمله بیارند پیش
با تو نمایند نهانیت را | کمدهی و بیش‌ستانیت را
خود مکن این تیغ ترازو روان | گرنه، فزون می‌ده و کم می‌سِتان
گل ز کژی خار در آغوش یافت | نیشکر از راستی آن نوش تافت
راستی آنجا که علم برزند | یاری حق دست به هم برزند
از کجی افتی به کم و کاستی | از همه غم رَستی اگر راستی
زآتشِ تنها نه، که از گرم و سرد | راستی مرد بوَد دِرعِ مرد

داستان پادشاه ظالم با مرد راست‌گوی

پادشهی بود رعیت‌شکن | وز سر حجت شده حَجّاج‌فن
هرچه به تاریک شب از صبح زاد | بر درِ او دَرج شدی بامداد
رفت یکی پیش ملک صبحگاه | رازگشاینده‌تر از صبح و ماه

از قمر اندوخته شب‌بازی‌ای / وز سحر آموخته غمّازی‌ای
گفت فلان پیر تو را در نهفت / خیره‌کش و ظالم و خون‌ریز گفت
شد ملک از گفتن او خشمناک / گفت هم اکنون کنم او را هلاک
نطع بگسترد و بر او ریگ ریخت / دیو ز دیوانگی‌اش می‌گریخت
شد بِه بَرِ پیر، جوانی چو باد / گفت ملک بر تو جنایت نهاد
پیش‌تر از خواندن آن دیورای / خیز و بشو تاش بیاری به جای
پیر وضو کرد و کفن برگرفت / پیش ملک رفت و سخن درگرفت
دست به‌هم سود شهِ تیزرای / وز سرِ کین دید سوی پشت پای
گفت شنیدم که سخن رانده‌ای / کینه‌کَش و خیره‌کُشم خوانده‌ای
آگهی از مُلکِ سلیمانی‌ام / دیو ستمکاره چرا خوانی‌ام؟
پیر بدو گفت نه من خفته‌ام / زآنچه تو گفتی، بَتَرَت گفته‌ام
پیر و جوان بر خطر از کار تو / شهر و ده آزرده ز پیکار تو
من که چنین عیب‌شمار توام / در بد و نیک آینه‌دار توام
راستی‌ام بین و به من دار هُش / گرنه چنین است، به دارم بکُش
پیر چو بر راستی اقرار کرد / راستی‌اش در دل شه کار کرد
چون ملک از راستی‌اش پیش دید / راستی او کژی خویش دید
گفت حنوط و کفنش برکشید / غالیه و خلعت ما درکشید
از سرِ بیدادگری گشت باز / دادگری گشت رعیّت‌نواز
راستی خویش نهان کس نکرد / در سخن راست، زیان کس نکرد
راستی آور که شوی رستگار / راستی از تو، ظفر از کردگار

گر سخن راست بود جمله دُرّ — «تلخ بود، تلخ که «الحق مُرّ
چون به سخن راستی آری به جای — ناصر گفتار تو باشد خدای
طبع نظامی و دلش راستند — کارش ازین راستی آراستند

مقالت پانزدهم: در نکوهش رشک‌بران

هر نفس این پردهٔ چابک‌رقیب — بازی‌ای از پرده برآرد غریب
نَطع پر از زخمه و رقّاص نه — بحر پر از گوهر و غوّاص نه
از درم و دولت و از تاج و تیغ — نیست دریغ، اَر تو نخواهی دریغ
گر رسدت دل به دم جبرئیل — نیست قضا مُمسِک و قُدرَت بخیل
زان بُنه چندان که بَری، دیگر است — دخل وی از خرج تو افزون‌تر است
پای درین ره نه و رفتار بین — حلقهٔ این در زن و گفتار بین
سنگش یاقوت و گیا کیمیاست — گر نشناسی تو غرامت کِه راست؟
دست تصرّف قلم اینجا شکست — کین همه اسرار درین پرده هست
هردم از این باغ بری می‌رسد — نغزتر از نغزتری می‌رسد
رشتهٔ جان‌ها که درین گوهر است — مُرسله از مُرسله زیباتر است
راه‌روان کز پس یکدیگرند — طایفه از طایفه زیرک‌ترند
عقل، شرف جز به معانی نداد — قدر به پیریّ و جوانی نداد
سنگ شنیدم که چو گردد کهن — لعل شود، مختلف است این سخن
هرچه کهن‌تر، بَتَرَند این گروه — هیچ نه جز بانگ، چو بانوی کوه
آن که تو را دیده بود شیرخوار — شیر تو زهریش بود ناگوار

در کهن انصافِ نُوان کم بود / پیر هواخواه جوان کم بود
گل که نو آمد، همه راحت در اوست / خار کهن شد که جراحت در اوست
از نوی انگور بود توتیا / وز کهنی مار شود اژدها
عقل که شد کاسهٔ سر جای او / مغز کهن نیست پذیرای او
آن که رصدنامهٔ اختر گرفت / حکم ز تقویم کهن برگرفت
پیر سگانی که چو شیر اَبخَرند / گرگ‌صفت نافِ غزالان درند
گر کنم اندیشه ز گرگان پیر / یوسفی‌ام بین و به من برمگیر
زخمِ تُنُک‌زخمهٔ پیران خوش است / آب جوانی چه کنم کآتش است؟
گرچه جوانی همه فرزانگی‌ست / هم نه یکی شاخ ز دیوانگی‌ست؟
یاسمنی چند که بیدی کنند / دعویِ هندو به سپیدی کنند
من که چو گل گنج‌فشانی کنم / دعوی پیری به جوانی کنم
خودمنشی کارِ خَلَق کردن است / خصمیِ خود، یاری حق کردن است
آن مه نو را که تو دیدی هلال / بَدر نِه‌اش نام چو گیرد کمال
نخل چو بر پایهٔ بالا رسد / دست چنان کش که به خرما رسد
دانه که طرح است فرا گوشه‌ای / دانه مخوانش چو شود خوشه‌ای
حوضه که دریا شود از آبِ جوی / تا به هَمان چشم نبینی دروی
شب چو بِبَست آن‌همه چشم از سحر / روز درو دید به چشمی دگر
دشمن دانا که پیِ جان بود / بهتر از آن دوست که نادان بود
نی منگر کز چه گیا می‌رسد / در شکرش بین که کجا می‌رسد
دل به هنر ده، نه به دعوی‌پرست / صید هنر باش به هرجا که هست

آب صدف گرچه فراوان بود ... دُر ز یکی قطرهٔ باران بود
بس که بباید دل و جان تافتن ... تا گُهری تاجنشان یافتن
هر عَلَمی را که قضا نو کند ... حفظ تو باید که روارو کند
برنشکستند هنوز این رباط ... درننَوشتند هنوز این بساط
محتسب صُنع مشو، زینهار ... تا نخوری دِرّهٔ ابلیس‌وار
هرکه نه بر حکم وی اقرار کرد ... چرخ سرش در سر انکار کرد

داستان ملک‌زادهٔ جوان با دشمنان پیر

قصد شنیدم که در اقصای مَرو ... بود ملک‌زاده جوانی چو سرو
مضطرب از دولتیان دیار ... ملک بر او شیفته، چون روزگار
تازگی‌اش را کُهَنان در ستیز ... پر خطر او زان خطرِ نیمخیز
یک شب ازان فتنه پُراندیشه خُفت ... دید که پیریش در آن خواب گفت
کای مهِ نو، بُرج کهن را بکَن ... وی گلِ نو، شاخ کهن را بزن
تا به تو بر ملک مقرّر شود ... عیش تو از خوی تو خوش‌تر شود
شه چو سر از خواب گران برگرفت ... آن دو سه تن را ز میان برگرفت
تازه بنا کرد و کهن درنَوشت ... مُلک بر آن تازه‌مَلِک تازه گشت
رخنه‌کنِ مُلک سرافکنده به ... لشکر بدعهد پراکنده به
سر نکشد شاخ نو از سَروبُن ... تا نزنی گردن شاخ کهُن
تا نشود بسته لب جویبار ... پنجهٔ دعوی نگشاید چنار
تا نکنی رهگذر چشمه پاک ... آب نزاید ز دل و چشم خاک

با تو برون از تو درون‌پروری‌ست — گوش تو را نیک نصیحت‌گری‌ست

یک نفس آن تیغ برآر از غلاف — چند غلافش کنی، ای بر خلاف؟

آن نَفَس از حُقّهٔ این خاک نیست — این حقِ آن همنفس پاک نیست

پیش چنین کس همگی پیش کش — نام کرم بر همهٔ خویش کش

دولتیان کان و درم یافتند — دولت باقی ز کرم یافتند

تخم کرم کشت سلامت بود — چون برسد برگ قیامت بود

یارب ازان گنج که احسان توست — نقد نظامی سره کن، کان توست

مقالت شانزدهم: در چابک‌روی

ای به نسیمی علم افراخته — پیش غباری علم انداخته

دِه نه و دروازهٔ دهقان زده — ملک نه و تخت سلیمان زده

تیغ نه‌ای، زخم بی‌اندازه چیست؟ — کوس نه‌ای، این‌همه آوازه چیست؟

چون دهن تیغ، درمریز باش — چون شکم کوس، تهی‌خیز باش

می‌کُشَدت دیو، نه افکنده‌ای — دست مده، مرده نه‌ای، زنده‌ای

پیشِ مُغی، پشت صلیبی مکن — دعویِ شمشیرِ خطیبی مکن

خطبهٔ دولت به فصیحی رسد — عطسهٔ آدم به مسیحی رسد

هرکه چو پروانه دمی خوش زند — یک‌تنه بر لشکرِ آتش زند

یک دو نفس خوش‌زن و جانی بگیر — خرقه دراناداز و جهانی بگیر

بخشش تو چرب‌ربایی که هست — نیست خدایی، به خدایی که هست

شیر شو، از گربهٔ مطبخ مترس — طلق شو، از آتش دوزخ مترس

مخزن الاسرار

گر دغلی، باش بر آتش حلال / ور زر و یاقوتی از آتش مَنال
چند غرور؟ ای دغل خاکدان / چند منی؟ ای دو سه من استخوان
پیش‌تر از ما دگران بوده‌اند / کز طلب جاه نیاسوده‌اند
حاصل آن جاه ببین تا چه بود / سود بُد، اما به زیان شد، چه سود؟
گر تو زمین‌ریزه چو خورشید و ماه / پای نهی بر فلک از قدر و جاه
گرچه از آن دایره دیر اوفتی / چون که زمینی نه به زیر اوفتی؟
تا سر خود را نَبُری طرّه‌وار / پای درین طرّه منه زینهار
مرغ نه‌ای، بر نتوانی پرید / تا نکَنی جان، نتوانی رسید
با فلک از راه شگرفی درآی / تات شگرفانه درافتد به پای
باده تو خوردی، گنه زهر چیست؟ / جُرم تو کردی، خلل دهر چیست؟
دهرنکوهی مکن، ای نیک‌مرد / دهر به جای من و تو بد نکرد
جهد بسی کرد و شگرفی بسی / تا کند از ما به تکلّف کسی
چون من و تو هیچ‌کسان دهیم / بیهده بر دهر چه تاوان نهیم؟
تا نبوَد جوهرِ لعل آبدار / مُهر قبولش ننهد شهریار
سنگ بسی در طرف عالم است / آنچه ازو لعل شود، آن کم است
خار و سمن هر دو به نِسبت گیاست / این خَسَکِ دیده و آن توتیاست
گرچه نیابد مدد از آب جوی / از گُل اصلی نرود رنگ و بوی
آب گرفتم لَطَف افزون کند / خار و خسک را به سمن چون کند؟
گرنه بدین قاعده بودی قرار / قلب شدی قاعدهٔ روزگار
کار به دولت، نه به تدبیر ماست / تا به جهان دولتِ روزی که راست؟

مرد ز بی‌دولتی افتد به خاک ... دولتیان را به جهان در چه باک؟
زنده بود طالع دولت‌پرست ... بندهٔ دولت شو، هرجا که هست
مُلک به دولت نه مجازی دهند ... دولت، کس را نه به بازی دهند
گِرد سر دولتیان چرخ ساز ... تا شوی از چرخ‌زدن بی‌نیاز
با دو سه کمزن مشو آرامگیر ... مُقبلِ ایّام شو و نامگیر
بختوَر از طالع جوزا برآی ... جوز شکن آن‌گه و بخت آزمای
گر در دولت زنی، افتاده شو ... از گرهِ کارِ جهان، ساده شو
ساده‌دل است آب که دل‌خوش رسید ... وز گرهی عود بر آتش رسید
پیرو دل باش و مده دل به کس ... خود تن تو زحمت راهِ تو بس
چند زنی دست به شاخ دگر ... کآه، مرا دولت ازین بیشتر
جملهٔ عالم تو گرفتی رواست ... چون بگذاری، طلبیدن چراست؟
حرص بِهِل کو ره طاعت زند ... گردن حرص تو قناعت زند
مرکز این گنبد فیروزه‌رنگ ... بر تو فراخ است و بر اندیشه تنگ
یا مکن اندیشه به چنگ آورش ... یا به یک اندیشه به تنگ آورش
معرفتی در گِل آدم نماند ... اهل دلی در همه عالم نماند
در دو هنرنامهٔ این نُه دبیر ... نیست یکی صورت معنی‌پذیر
دوستی از دشمن معنی مجوی ... آب حیات از دَم افعی مجوی
دشمن دانا که غم جان بود ... بهتر ازان دوست که نادان بود

داستان کودک مجروح

کـــودکـــی از جـمـلـهٔ آزادگـــــان / رفـت بــرون بـا دو سـه هـمزادگـان
پـایش ازان پـویه درآمـد ز دست / مِـهـر دل و مُـهـرهٔ پشتش شکست
شـد نـفس آن دو سـه هـمسال او / تـنـگ‌تـر از حـادثـهٔ حـال او
آن کـه ورا دوسـت‌تـرین بـود گفت / در بُـنِ چاهـیش بـبایـد نـهفت
تـا نـشـود راز چـو روز آشـکـار / تـا نـشـویـم از پـدرش شـرمـسـار
عـاقـبـت‌انـدیـش‌تـریـن کـودکـی / دشـمـن او بـود در ایـشـان یکی
گـفت هـمـانا کـه در ایـن هـمرهان / صـورت ایـن حـال نـمـانـد نـهان
چـون که مـرا زیـن همه دشمن نهند / تُـهـمـت ایـن واقـعـه بـر مـن نهند
زی پـدرش رفـت و خـبـردار کـرد / تـا پـدرش چـارهٔ آن کـار کـرد
هـر کـه در او جـوهـر دانـایـی است / بـر هـمـه چـیزیـش تـوانـایـی است
بـنـد فـلـک را کـه تـوانـد گـشـاد؟ / آن کـه بـر او پـای تـوانـد نـهاد
چـون ز کـموبـیش فـلـک درگـذشـت / کـار نـظـامـی ز فـلـک بـرگـذشـت

مقالت هفدهم: در پرستش و تجرید

ای ز خـدا غـافـل و از خـویـشـتـن / در غـم جـان مـانـده و در رنـج تن
ایـن مـن‌ومـن‌گـو کـه دریـن قـالَـب است / هـیـچ مـگـو جـنـبش او تـا لـب است
چـون خـم گـردون بـه جـهان درمپیچ / آنـچـه نَـه آنِ تـو، بـه آن درمـپـیـچ
زور جـهـان بـیـش ز بـازوی تـوسـت / سـنـگ وی افـزون ز تـرازوی توست
قـوّت کـوهـی ز غـبـاری مـخـواه / آتـش دیـگـی ز شَـراری مـخـواه

هر کمری کان به رضا بسته شد / از کمر خدمت تن رَسته شد
حرص رباخواره ز محرومی است / تاج رضا بر سر محکومی است
کیسه‌بُرانند درین رهگذر / هرکه تهی‌کیسه‌تر آسوده‌تر
محتشمی، دردسری می‌پذیر / ورنه برو دامن اِفلاس گیر
کوسهٔ کمریش دلی داشت تنگ / ریش‌کشان دید دو کس را به جنگ
گفت رُخَم گرچه زبانی‌فَش است / ایمنم از ریش‌کشان، هم خوش است
مصلحت کار در آن دیده‌اند / کز تو خر و بار تو ببریده‌اند
تا تو چو عیسی به در دل رسی / بی‌خر و بی‌بار به منزل رسی
مؤمنی، اندیشهٔ گبری مکن / در تُنُکی کوش و ستبری مکن
موج هلاک است، سبک‌تر شتاب / جان ببر و بار درافکن به آب
به که تهی‌مغز و خراب ایستی / تا چو کدو بر سر آب ایستی
قدر به بی‌خوردی‌وخوابی در است / گنج بزرگی به خرابی در است
مردهٔ مردار نه‌ای چون زغن / زاغ شو و پای به خون در مزن
گر تنِ بی‌خون شده‌ای چون نگار / ایمنی از زحمت مردارخوار
خون جگری دان به شرابی شده / آتشی از شرم به آبی شده
تا قَدَری قوّتِ خون بشکنی / ضربت آهن خوری، ار آهنی
خو مَبُر از خورد به یکبارگی / خرده نگه‌دار به کم‌خوارگی
شیر ز کم خوردن خود سرکش است / خیره‌خوری قاعدهٔ آتش است
روز به یک قرصه چو خرسند گشت / روشنی چشم خردمند گشت
شب که صبوحی نه به هنگام کرد / خون زیادش سیه‌اندام کرد

عقل ز بسیارخوری کم شود
دل چو سپرغم، سپرِ غم شود

عقل تو جانی‌ست که جسمش تویی
جان تو گنجی که طلسمش تویی

کی دهد این گنج تو را روشنی
تا تو طلسم دَرِ او نشکنی؟

خاک به نامعتمدی گشت فاش
صحبت نامعتمدی گو مباش

گر همه عمرت به غم آرد به سر
از پی تو غم نخورد، غم مخور

گفت به زنگی پدر این خنده چیست؟
بر سیهی چون تو بباید گریست

گفت چو هستم ز جهان ناامید
روی سیه بهتر و دندان سفید

نیست عجب خنده ز روی سیاه
کَابرِ سیه برق ندارد نگاه

چون تو نداری سرِ این شهربند
برق شو و بر همه عالم بخند

خندهٔ طوطی لب شِکَّر شکست
قهقههٔ پُر دهن کبک بست

خنده چو بی‌وقت گشاید گره
گریه از آن خندهٔ بی‌وقت به

سوختن و خنده زدن برق‌وار
کوتهی عمر دهد چون شرار

بی‌طرب این خندهٔ چون شمع چیست؟
بس که بر این خنده بباید گریست

تا نزنی خندهٔ دندان‌نمای
لب به گَهِ خنده به دندان بِخای

گریهٔ پُر، مصلحتِ دیده نیست
خندهٔ بسیار، پسندیده نیست

گر کهنی بینی و گر تازه‌ای
بایدش از نیک و بد اندازه‌ای

خیز و غمی می‌خور و خوش می‌نشین
گاه چنان باید و گاهی چنین

در دل خوش نالهٔ دل‌سوز هست
با شَبَهِ شب، گهر روز هست

هیچ‌کس آبی ز هوایی نخورد
کز پس آن آب، قفایی نخورد

هر بُنِه‌ای را جَرَسی داده‌اند
هر شکری را مگسی داده‌اند

دایهٔ دانای تو شد روزگار — نیک و بد خویش بدو واگذار
گر دهدت سِرکه، چو شیره مجوش — خیرِ تو خواهد، تو چه دانی؟ خموش
ثابتِ این راه مقیمی بُوَد — همسفر خضر، کلیمی بُوَد
ناز بزرگانت بباید کشید — تا به بزرگی بتوانی رسید
یار مساعد به گَهِ ناخوشی — دامکشی کرد، نه دامن‌کشی

داستان پیر و مرید

رهروی از جملهٔ پیرانِ کار — می‌شد و با پیر، مریدی هزار
پیر دران بادیه یک بادِ پاک — داد بضاعت به امینان خاک
هر یک از آن آستنی برفشاند — تا همه رفتند و یکی شخص ماند
پیر بدو گفت چه افتاد رای — کان‌همه رفتند و تو ماندی به جای؟
گفت مرید ای دل من جای تو — تاج سرم خاک کف پای تو
من نه به باد آمدم، اول نفس — تا به همان باد شوم باز پس
منتظر داد به دادی شود — وآمدهٔ باد به بادی شود
زود رو و زودنشین شد غبار — زان به یکی جای ندارد قرار
کوه به آهستگی آمد به جای — از سر آن است چنین دیرپای
پرده‌دری پیشهٔ دوران بود — بارکشی کار صبوران بود
بارکش زهد شو، اَر تر نه‌ای — بار طبیعت مکش، اَر خر نه‌ای
تا خط زهد تو مُزَوّر نشد — دیده بدو تر شد و او تر نشد
زُهد که در زرکشِ سلطان بود — قصّهٔ زنبیل و سلیمان بود
شمع که هر شب به زرافشانی است — زیر قبا زاهد پنهانی است

زهد غریب است به میخانه در / گنج عزیز است به ویرانه در
زهد نظامی که طرازی خوش است / زیرنشینِ عَلَمِ زرکش است

مقالت هجدهم: در نکوهش دورویان

قلب‌زنی چند که برخاستند / قالبی از قلب نو آراستند
چون شکم از روی بکُن پشتشان / حرف نگه‌دار ز انگشتشان
پیش تو از نور موافق‌ترند / وز پَس‌اَت از سایه منافق‌ترند
ساده‌تر از شمع و گره‌تر ز عود / ساده به دیدار و گره در وجود
جورپذیران عنایت‌گذار / عیب‌نویسان شکایت‌شمار
مهر، دهن در دهن آموخته / کینه، گره بر گره اندوخته
گرم، ولیک از جگر افسرده‌تر / زنده، ولی از دل خود مرده‌تر
صحبتشان بر محک دل مزن / مست نه‌ای، پای درین گل مزن
خازن کوه‌اند، مگو رازشان / غمز نخواهی، مده آوازشان
لافزنان، کز تو عزیزی شوند / جهدکنان، کز تو به چیزی شوند
چون بوَد آن صلح ز ناداشتی / خشم خدا باد بران آشتی
هر نَفَسی کان غرض‌آمیز شد / دوستی‌ای دشمنی‌انگیز شد
دوستی‌ای کان ز تویی و منی‌ست / نسبت آن دوستی از دشمنی‌ست
زهرِ تو را دوست چه خواند؟ شکر / عیبِ تو را دوست چه داند؟ هنر
دوست بود مَرهَم راحت‌رسان / گرنه، رها کن سخن ناکسان
گربه بود کز سر همپوستی / بچّهٔ خود را خورَد از دوستی
دوست کدام؟ آن که بود پرده‌دار / پرده‌درند این‌همه چون روزگار

جمله بر آن، کز تو سَبَق چون برند؟
سکّهٔ کارَت به چه اَفسون برند؟

با تو عنان‌بستهٔ صورت شوند
وقت ضرورت به ضرورت شوند

دوستی هر که تو را روشن است
چون دلت انکار کند، دشمن است

تن چه شناسد که تو را یار کیست؟
دل بود آگه که وفادار کیست

یک دل داریّ و غم دل هزار
یک گل پژمرده و صد نیش خار

مُلک هزار است و فریدون یکی
غالیه بسیار و دِماغ اندکی

پرده دَرَد هرچه درین عالم است
راز تو را هم دل تو محرم است

چون دل تو بند ندارد بر آن
قفل چه خواهی ز دل دیگران؟

گرنه تُنُک‌دل شده‌ای، وین خطاست
راز تو چون روز به صحرا چراست؟

گر دل تو نَز تُنُکی راز گفت
شیشه که می خورد، چرا بازگفت؟

چون بود از همنفسی ناگزیر
همنفسی را ز نفس وا مگیر

پای نهادی چو درین داوری
کوش که همدست به دست آوری

تا نشناسی گهر یار خویش
یاوه مکن گوهر اسرار خویش

داستان جمشید با خاصّگی محرم

خاصگی‌ای محرم جمشید بود
خاص‌تر از ماه به خورشید بود

کار جوانمرد بدان درکشید
کز همه عالم ملکش برکشید

چون به وثوق از دگران گوی برد
شاه خزینه به درونش سپرد

با همه نزدیکیِ شاه، آن جوان
دورتری جست، چو تیر از کمان

راز ملک جان جوانمرد سُفت
با کسی آن راز نیارست گفت

پیرزنی ره به جوانمرد یافت
لالهٔ او چون گل خود زرد یافت

گفت که سرو از چه خزان کرده‌ای؟
کآب ز جوی ملکان خورده‌ای

زرد چرایی؟ نه جفا می‌کشی
تنگ‌دلی چیست درین دلخوشی؟

بر تو جوان گونهٔ پیری چراست؟
لالهٔ خودروی تو خیری چراست؟

شاه جهان را چو تویی رازدان
رخ بگشا چون دل شاهِ جهان

سرخ شود روی رعیّت ز شاه
خاصه رخ خاصگیان سپاه

گفت جوان رای تو زین غافل است
بی‌خبری زان‌چه مرا در دل است

صبر مرا همنفس درد کرد
روی مرا صبر چنین زرد کرد

شاه نهاده‌ست به مقدار خویش
در دل من گوهر اسرار خویش

هست بزرگ آن‌چه درین دل نهاد
راز بزرگان نتوانم گشاد

در سخنش دل نه چنان بسته‌ام
کز سرِ کم کار زبان بسته‌ام

زان نکنم با تو سرِ خنده باز
تا به زبان بر بپرد مرغ راز

گر ز دل این راز نه بیرون شود
دل نهم آن را که دلم خون شود

ور بکنم راز شَهان آشکار
بخت خورَد بر سر من زینهار

پیرزنش گفت مبر نام کس
همدمِ خود، هم دمِ خود دان و بس

هیچ‌کسی مَحرم این دم مدان
سایهٔ خود، مَحرم خود هم مدان

زرد به این چهرهٔ دینارگون
زانکه شود سرخ به غرقاب خون

می‌شنوم من که شبی چندبار
پیش زبان گوید سر، زینهار

سر طلبی، تیغ‌زبانی مکن
روز نه‌ای، رازفشانی مکن

مرد، فروبسته زبان، خوش بود
آن سگ دیوانه زبان‌کَش بود

مخزن‌الاسرار

مصلحت توست زبان زیر کام
تیغ پسندیده بود در نیام

راحت این پند به جان‌ها در است
کآفت سرها به زبان‌ها در است

دار درین طشت، زبان را نگاه
تا سرت از طشت نگوید که آه

لب مگشای، ارچه درو نوش‌هاست
کز پس دیوار بسی گوش‌هاست

تا چو بنفشه نَفَست نشنوند
هم به زبان تو سرت ندرَوَند

بد مشنو، وقت گران‌گوشی است
زشت مگو، نوبت خاموشی است

چند نویسی؟ قلم آهسته‌دار
بر تو نویسند، زبان بسته‌دار

آب‌صفت هرچه شنیدی بشوی
آینه‌سان آنچه ببینی بگوی

آنچه ببینند غیوران به شب
بازنگویند به روز، ای عجب!

لاجرم این گنبد انجم‌فروز
آنچه به شب دید نگوید به روز

گر تو درین پرده ادب دیده‌ای
باز مگوی آنچه به شب دیده‌ای

شب که نهان‌خانهٔ گنجینه‌هاست
در دل او گنج بسی سینه‌هاست

برق‌روانی که درون‌پرورند
آنچه ببینند بر او بگذرند

هرکه سر از عرش برون می‌برد
گوی ز میدانِ درون می‌برد

چشم و زبانی که برون دوست‌اند
از سر، مویند و ز تن، پوست‌اند

عشق که در پرده کرامات شد
چون به در آمد، به خرابات شد

این گره از رشتهٔ دین کرده‌اند
پنبهٔ حلّاج بدین کرده‌اند

غنچه که جان پردهٔ این راز کرد
چشمهٔ خون شد چو دهن باز کرد

کی دهن این مرتبه حاصل کند؟
قصّهٔ دل هم دهن دل کند

این خورش از کاسهٔ دل خوش بوَد
چون به دهان آوری، آتش بوَد

اینت فصاحت که زبان‌بستگی‌ست | اینت شتابی که در آهستگی‌ست
روشنی دل خبر آن را دهد | کو دهن خود دگران را دهد
آن لغت دل که بیان دل است | ترجمتش هم به زبان دل است
گر دل خرسند نظامی تو راست | ملک قناعت به تمامی تو راست

مقالت نوزدهم: در استقبال آخرت

مجلس خلوت نگر آراسته | روشن و خوش چون مه ناکاسته
شمع فروزان و شکر ریخته | تخت زده غالیه آمیخته
دشمن جان است تو را روزگار | خویشتن از دوستی‌اش واگذار
بین که به زنجیر کیان را کشید | هرکه درو دید زبان را کشید
با توِ دنیاطلبِ دین‌گذار | بانگ برآورده رقیبان بار
کز درِ بیدادگران بازگرد | گِردِ سراپردهٔ این راز گرد
از تَف این بادیه جوشیده‌ای | بر تو نپوشند که پوشیده‌ای
سردنفس بود سگ گرمگین | روبه ازان دوخت مگر پوستین
دوزخ گوگرد شد این تیره‌دشت | ای خُنُک آن کس که سبک‌تر گذشت
آب دهانی به ادب گرد کن | در تف این چشمهٔ گوگرد کن
باز ده این وامِ فلک‌داده را | طرح کن این خاکِ زمین‌زاده را
جمله برانداز به استادی‌ای | تا تو فرومانی و آزادی‌ای
هرکه درین راه منی می‌کند | بر من و تو راه‌زنی می‌کند
خصمیِ کژدم بَتَر از اژدهاست | کاین ز تو پنهان بود آن برملاست
خانه پر از دزد، جواهر بپوش | بادیه پر غول، به تسبیح کوش

غارتیانی که رهِ دل زنند		راه به نزدیکیِ منزل زنند
ترسم از آن شب که شبیخون کنند		خوارت ازین باده بیرون کنند
دشمن خُرد است بلایی بزرگ		غفلت ازو هست خطایی سترگ
با عدوی خُرد مشو خُردکین		خرد شوی، گر نشوی خردبین
با همه خردی به قَدَر مایه زور		میل‌کشِ بچّهٔ شیر است مور
قافلهٔ برده به منزل رسید		کشتیِ پر گشته به ساحل رسید
تات نبینند، نهان شو چو خواب		تات نرانند، روان شو چو آب
پای درین صومعه ننهادنی‌ست		چون بِنهی واستده دادنی‌ست
گر نروی در جگرت خون نهند		راتبت از صومعه بیرون نهند
گر سفر از خاک نبودی هنر		چرخ، شب و روز نکردی سفر
تا نَدَرَد دیو گریبانت، خیز		دامن دین گیر و در ایمان گریز
شرع تو را خواند، سماعش بکن		طبع تو را نیست، وداعش بکن
شرع نسیمی‌ست، به جانش سپار		طبع غباری، به جهانش گذار
شرع تو را ساخته ریحان به دست		طبع‌پرستی مکن، او را پَرَست
بر در هر کس چو صبا در متاز		با دَم هر خس، چو هوا در مساز
این‌همه چون سایه، تو چون نور باش		گر همه داری، ز همه دور باش
چَنبَر توست این فلکِ چنبری		تا تو ازین چنبر سر چون بری
گر به تو بر قصه کند حال خویش		یا خبری گویدت از سال خویش
تنگ بود غار تو با غور او		هیچ بود عمر تو با دور او
آخر گفتار تو خاموشی‌است		حاصل کار تو فراموشی‌است

تا به جهان در نفسی می‌زنی / به که دَرِ عشق کسی می‌زنی

کاین دو نفس با چو تو افتاده‌ای / خوش نبُوَد جز به چنان باده‌ای

هیچ قبایی نبُرید آسمان / تا دو کله‌وار نبُرد از میان

هرچه کنی، عالَم کافرستیز / بر تو نویسد به قلم‌های تیز

وآنچه گشایی ز در عِزّ و ناز / بر تو همان در بگشایند باز

چشم تو گر پردهٔ طنّازی است / با تو درین پرده همان بازی است

نیک و بد آنان که بسی دیده‌اند / نیک بِدان، بد نپسندیده‌اند

هرکه رهی رفت، نشانی بداد / هرکه بدی کرد، ضمانی بداد

صورت اگر نیک و اگر بد بَری / نام تو آن است که با خود بَری

خار بوَد نامِ گُلِ خارپوش / عنبرنام آمده، عنبرفروش

قلب مشو تا نشوی وقت کار / هم ز خود و هم ز خدا شرمسار

بانگ بر این دور جگرتاب زن / سنگ بر این شیشهٔ خوناب زن

رَجم کن این لُعبَتِ شَنگَرف را / در قلمِ نَسخ کش این حرف را

دست بر این قلعهٔ قلعی برآر / پای درین اَبلَق خَتلی درآر

تا فلک از منبر نُه خرگَهی / بر تو کند خطبهٔ شاهنشهی

کار تو باشد عَلَم انداختن / کار من است این عَلَم افراختن

آدمی‌ام رفع مَلَک می‌کنم / دعوی از آن‌سوی فلک می‌کنم

قیمتم از قامتم افزون‌تر است / دَورم از این دایره بیرون‌تر ست

آب نه و بَحرشُکوهی کنم / جغد نه و گنج‌پژوهی کنم

چون فلکم بر سر گنج است پای / لاجرمم سخت بلند است جای

داستان هارون‌الرّشید با حلّاق

دور خلافت چو به هارون رسید
رایت عبّاس به گردون رسید

نیم‌شبی پشت به همخوابه کرد
روی در آسایش گرمابه کرد

موی‌تراشی که سرش می‌ستُرد
موی به مویش به غمی می‌سپُرد

کای شده آگاه ز اُستادی‌ام
خاص کن امروز به دامادی‌ام

خطبهٔ تزویج پراکنده کن
دختر خود نامزد بنده کن

طَبع خلیفه قَدَری گرم گشت
باز پذیرندهٔ آزَرم گشت

گفت حرارت جگرش تافته‌ست
وحشتی از دِهشَت من یافته‌ست

بی‌خودی‌اش کرد چنین یافه‌گوی
ورنه نکردی ز من این جستجوی

روز دگر نیک‌تَرَش آزمود
بر دِرَم قلب همان سکّه بود

تجربتش کرد چنین چندبار
قاعدهٔ مرد نَگَشت از قرار

کار چو بی‌رونقی از نور برد
قصّه به دستوری دستور برد

کز قلم موی‌تراشی درست
بر سرم این آمد و این سِر به توست

منصب دامادی من بایدش
ترک ادب بین که چه فرمایدش

هرگه کآید چو قضا بر سَرَم
سنگ دراندازد در گوهرم

در دهنش خنجر و در دست، تیغ
سر به دو شمشیر سپارم، دریغ

گفت وزیر ایمنی از رای او
بر سر گنج است مگر پای او

چون که رسد بر سرت آن ساده‌مرد
گو ز قدمگاهِ نخستین بگرد

گر بچخد، گردن گرّا بزن
ورنه، قدمگاهِ نخستین بکن

میرِ مطیع از سرِ طوعی که بود
جای بَدَل کرد به نوعی که بود

چون قدم از منزل اوّل برید / گونه حلّاق دگرگونه دید
کمسخنی دید، دهن‌دوخته / چشم و زبانی ادب‌آموخته
تا قدمش بر سر گنجینه بود / صورت شاهیش در آیینه بود
چون قدم از گنج تهی ساز کرد / کلبهٔ حلّاقیِ خود باز کرد
زود قدمگاهش بشکافتند / گنج به زیر قدمش یافتند
هرکه قدم بر سر گنجی نهاد / چون به سخن آمد، گنجی گشاد
گنج نظامی که طلسم‌افکن است / سینهٔ صافیّ و دلِ روشن است

مقالت بیستم: در وقاحت ابنای عصر

ما که به خود دست برافشانده‌ایم / بر سر خاکی چه فرومانده‌ایم؟
صحبت این خاک تو را خار کرد / خاک چنین تعبیه بسیار کرد
عمر همه رفت و به پس گستریم / قافله از قافله واپس‌تریم
این دو فرشته شده در بند ما / دیو ز بدنامی پیوند ما
گرمروِ سرد، چو گلخن‌گریم / سردپیِ گرم، چو خاکستریم
نورِ دل و روشنیِ سینه کو؟ / راحت و آسایش پارینه کو؟
صبحِ شباهنگِ قیامت دمید / شد عَلَم صبح‌روان ناپدید
خندهٔ غفلت به دهان درشکست / آرزوی عمر به جان درشکست
از کف این خاک به افسونگری / چارهٔ آن ساز که چون جان بری
بر پر ازین دام که خون‌خواره‌ای‌ست / زیرکی از بهرِ چنین چاره‌ای‌ست
گرگ ز روباه بدندان‌تر است / روبه از آن رَست که به‌دان‌تر است
جهد بر آن کن که وفا را شوی / خود نپرستی و خدا را شوی

خاکِ دلی شو که وفایی دروست   وز گُل انصاف گیایی دروست
هر هنری کان ز دل آموختند   بر زهِ منسوجِ وفا دوختند
گر هنری در تن مردم بوَد   چون نپسندی گهری گم بوَد
گر بپسندیش دگرسان شود   چشمهٔ آن آب دوچندان شود
مردمِ پرورده به جان پرورند   گر هنری در طرفی بنگرند
خاک زمین جز به هنر پاک نیست   وین هنر امروز درین خاک نیست
گر هنری سر ز میان برزند   بی‌هنری دست بدان درزند
کار هنرمند به جان آورند   تا هنرش را به زبان آورند
حمل ریاضَت به تماشا کنند   نسبت اندیشه به سودا کنند
نام کَرَم ساخته مشتی زیان   اسم وفا، بندگی رایگان
گفته سَخا را قَدَری ریشخند   خوانده سخن را طرفی لورکند
نقش وفا بر سر یخ می‌زنند   بر مه و خورشید زنخ میزنند
گر نفسی مرهم راحت بود   بر دل این قوم جراحت بود
گر ز لبی شربت شیرین چشند   دست به شیرینه به رویش کشند
بر جگرِ پختهٔ انجیرفام   سرکه فروشند، چو انگورِ خام
چشم هنربین نه کسی را درست   جز خلل و عیب ندانند جست
حاصل دریا نه همه دُر بود   یک هنر از طبعِ کسی پر بود
دجله بوَد قطره‌ای از چشم کور   پای ملخ پُر بود از دستِ مور
عیب‌خرند این دو سه ناموسگر   بی‌هنر و بر هنر افسوسگر
تیره‌تر از گوهر گِل در گِل‌اند   تلخ‌تر از غصّهٔ دل بر دل‌اند

دود شوند ار به دماغی رسند ... باد شوند ار به چراغی رسند
حال جهان بین که سرانش که‌اند؟ ... نامزد و نامورانش که‌اند؟
این دو سه بدنامِ کهن مهد خویش ... می‌شکنندم همه چون عهد خویش
من به صفت چون مَهِ گردون شوم ... نشکنم، ار بشکنم، افزون شوم
رنج گرفتم ز حد افزون برند ... با فلک این رُقعه به سر چون برند
بر سخن تازه‌تر از باغ روح ... مُنکِر دیرینه چو اصحاب نوح
ای علمِ خضر، غَزایی بکن ... وی نفسِ نوح، دعایی بکن
دل که ندارد سرِ بیدادشان ... باد فرامُش کند ار یادشان
با بدشان کان نه به اندازه‌ای‌ست ... خامُشی من قوی‌آوازه‌ای‌ست
حُقّه پرآواز به یک دُر بود ... گُنگ شود، چون شکمش پُر بود
خنبرهٔ نیمه برآرد خروش ... لیک چو پر گردد، گردد خموش
گر پُری از دانش، خاموش باش ... تَرکِ زبان گوی و همه گوش باش

داستان بلبل با باز

در چمن باغ چو گلبن شکفت ... بلبل با باز درآمد به گفت
کز همه مرغان، تو خاموش‌ساز ... گوی چرا برده‌ای آخر به باز؟
تا تو لبِ بسته گشادی نفس ... یک سخن نغز نگفتی به کس
منزل تو دستگهِ سَنجَری ... طعمهٔ تو سینه کَبک دَری
من که به یک چشمزد از کان غیب ... صد گهر نَغز برآرم ز جیب
طعمهٔ من کِرمِ شکاری چراست؟ ... خانهٔ من بر سر خاری چراست؟

باز بدو گفت همه گوش باش — خامُشی‌ام بنگر و خاموش باش
من که شدم کارشناس اندکی — صد کنم و بازنگویم یکی
رو که تویی شیفتهٔ روزگار — زآنکه یکی نکنی و گویی هزار
من که همه معنی‌ام، این صیدگاه — سینهٔ کبکم دهد و دستِ شاه
چون تو همه زخمِ زبانی تمام — کرم خور و خار نشین، والسلام
خطبه چو بر نام فریدون کنند — گوش بر آواز دُهُل چون کنند؟
صبح که با بانگ خروس است و بس — خنده‌ای از راه فسوس است و بس
چرخ که در معرض فریاد نیست — هیچ سر از چنبرش آزاد نیست
بر مکش آوازهٔ نظم بلند — تا چو نظامی نشوی شهربند

انجام کتاب

«صَبَّحَکَ الله صَباح» ای دبیر — چون قلم از دست شدم، دست گیر
کاین نَمَط از چرخ فزونی کند — با قلمم بوقلمونی کند
زین همه الماس که بگداختم — گَزلَکی از بهرِ مَلِک ساختم
کآهنِ شمشیرم در سنگ بود — کورهٔ آهنگری‌ام تنگ بود
دولت اگر همدمی‌ای ساختی — بخت بدین نیز نپرداختی
در دلم آید که گنه کرده‌ام — کاین ورقی چند سیه کرده‌ام
آنچه درین حِجلهٔ خرگاهی است — جلوه‌گری چند سحرگاهی است
زین بره می‌خور چه خوری دودها؟ — آتش دَرزَن به نمکسودها
بیش رو، آهستگی‌ای پیشه کن — گر کنی اندیشه، به اندیشه کن

هر سخنی کز ادبش دوری است / دست بر او مال که دستوری است
وآنچه نه از علم برآرد عَلَم / گر منم آن حرف، درو کِش قلم
گر نه دَرو دادِ سخن دادمی / شهر به شهرش نفرستادمی
این طرفم کرد سخن پای‌بست / جملهٔ اطراف، مرا زیردست
گفت زمانه نه زمینی، بجنب / چون زَمِنان چند نشینی؟ بجنب
بِکرِ معانیم که همتاش نیست / جامه باندازهٔ بالاش نیست
نیمتنی تا سر زانوش هست / از سر آن بر سر زانو نشست
بایدش از حُلّه قد آراستن / تا ادبش باشد برخاستن
از نظر هر کهن و تازه‌ای / حاصل من چیست جز آوازه‌ای؟
گرمیِ هنگامه و زر هیچ نه / زحمت بازار و دگر هیچ نه
گنجه گره کرده گریبان من / بی‌گرهی گنج عراق آن من
بانگ برآورد جهان کای غلام / گنجه کدام است و نظامی کدام؟
شکر که این نامه به عنوان رسید / پیشتر از عمر به پایان رسید
کرد نظامی ز پی زیوَرش / غرقهٔ گوهر ز قدم تا سرش
باد مبارک گهرافشان او / بر ملکی کاین گهر است آن او

انتشارات پارسیان البرز

Kidsocado Publishing House

این مجموعه بسیار نفیس که در دست شما است
با استانداردهایی مانند فونت ساده برای سهولت خواندن ایرانیان
خارج از کشور و طراحی داخلی زیبا و متن کامل
با کوشش و همکاری دو موسسه یعنی
موسسه انتشارات البرز پارسیان در ایران و
خانه انتشارات کیدزوکادو در کانادا
تهیه شده است.
هر دو موسسه با هدف بسیار والای جهانی کردن
آثار شعرا و نویسندگان
ایرانی این فعالیت را ادامه داده
و امیدوارست به زودی
آثار با ارزشی از ادبیات غنی ایران به
خانه‌ها و کتابخانه های شما هدیه دهد.